中野 哲弘

わかりやすい
担保物権法概説

民法概説 Ⅲ

信山社

はしがき

　本書は，民法を初めて学ぶ人のために，同法のうちの担保物権法の概要を，民事執行手続との関係を念頭において，わかりやすく概説しようとしたものである。

　私人と私人との間の権利義務関係は，両者間の静態的な意義・要件・効果を定めた実体法たる民商法等と，両者間の動態的な権利実現過程を定めた手続法たる民事訴訟法・民事執行法等とを，有機的に関連づけて理解する必要がある。筆者は，かつて「わかりやすい民事訴訟法概説」「わかりやすい民事証拠法概説」（いずれも信山社刊）において，実体法と関連づけた手続法の解説を試みたことがあるが，今回は逆に，実体法たる民法の一分野たる担保物権法を，手続法との関連を念頭において解説しようとしたものである。

　担保物権法は，金融の動向との繋がりが密接であるため，新規立法及び新規判例が輩出する分野であり，民法の中でもとりわけ技術的性格が強い。筆者は，かつて裁判所書記官研修所の教官時代に担保物権法の講義をし，そのための教材を執筆したこともあるので，今回はそれを土台として本書を著わしたものである。

　難解な分野であるため筆者の理解不足により思わぬ間違いがあるかもしれないが，読者の御叱正を得て，補正をしたいと考えている。

　この本の出版に当たり，信山社の村岡侖衛氏に大変お世話になった。紙上を借りて厚く御礼を申し上げたい。

　　平成12年9月

　　　　　　　　　　　　　　　　　　　　　　　　　　中 野 哲 弘

中野哲弘 **わかりやすい** 担保物権法概説［民法概説Ⅲ］

目　次

1　序　論 ……………………………………………………… *1*

　Ⅰ　本書の守備範囲 ………………………………… *1*

　Ⅱ　担保物権法学習の有用性 ……………………… *1*

　　1　金融取引の実務に詳しくなることができる　(*1*)

　　2　競売実務に詳しくなることができる　(*3*)

　Ⅲ　担保物権法の学習方法 ………………………… *3*

　　1　債権法の理解が必要であること　(*4*)

　　2　民事執行法の理解が必要であること　(*5*)

　　3　不動産登記の記載に習熟すること　(*6*)

　　4　判例の動向に留意すること　(*6*)

　Ⅳ　本書の構成 ……………………………………… *7*

2　総　論 ……………………………………………………… *9*

　Ⅰ　物的担保制度の意義 …………………………… *9*

　　1　担保制度の必要性　(*9*)

　　2　人的担保と物的担保　(*10*)

　Ⅱ　担保物権の種類 ………………………………… *11*

　　1　民法の認める担保物権　(*11*)

　　2　その他の担保物権　(*12*)

　　3　担保物権の分類　(*14*)

　　　1　発生原因による分類　(*14*)

　　　2　本質的効力による分類　(*14*)

　Ⅲ　担保物権の通有性 ……………………………… *15*

Ⅳ　担保物権と民事執行法 …… 17

3　抵当権 …… 18

Ⅰ　総説 …… 18

1　意義とその社会的作用　*(18)*

2　普通抵当権と根抵当権　*(19)*

3　法的性質　*(20)*

　1　普通抵当権　*(20)*

　2　根抵当権　*(21)*

Ⅱ　成立要件 …… 23

1　普通抵当権の場合　*(23)*

　1　被担保債権の存在　*(23)*

　2　抵当権設定契約　*(23)*

2　根抵当権の場合──根抵当権設定契約　*(25)*

　1　総説　*(25)*

　2　設定契約で合意すべき事項　*(25)*

Ⅲ　対抗要件 …… 28

1　普通抵当権の場合　*(28)*

　1　総説　*(28)*

　2　抵当権設定登記の記載例とその説明　*(28)*

　3　抵当登記の流用　*(30)*

2　根抵当権の場合　*(31)*

　1　総説　*(31)*

　2　根抵当権設定登記の記載例とその説明　*(31)*

Ⅳ　効力の及ぶ範囲 …… 33

1　被担保債権の範囲　*(33)*

　1　普通抵当権の場合　*(33)*

　2　根抵当権の場合　*(35)*

2　抵当権の効力が及ぶ目的物の範囲　*(36)*

目　次

　　　1　付加物（民370）　*(36)*
　　　2　果実（民371）　*(38)*
　　　3　目的物に代わる請求権（民372・304――物上代位）　*(39)*

Ⅴ　抵当権の効力――優先弁済的効力 ……………*41*
　　1　総　説　*(41)*
　　2　抵当権の実行　*(41)*
　　　1　抵当権実行の要件　*(41)*
　　　2　抵当権の実行手続　*(43)*
　　　3　物上代位権の行使　*(55)*
　　　4　抵当権の順位　*(58)*
　　　5　一般財産からの弁済（民394）　*(60)*
　　3　共同抵当　*(61)*
　　　1　普通抵当権の場合　*(61)*
　　　2　根抵当権の場合　*(68)*

Ⅵ　用益権との調和 ……………………………*70*
　　1　総　説　*(70)*
　　2　短期賃貸借の保護　*(70)*
　　　1　意　義　*(70)*
　　　2　保護を受けるための要件　*(72)*
　　　3　有害な短期賃貸借の解除請求　*(73)*
　　3　法定地上権（民388）　*(74)*
　　　1　意　義　*(74)*
　　　2　成立要件　*(74)*
　　　3　効　力　*(76)*
　　　4　抵当権に基づく物権的請求権　*(76)*

Ⅶ　その他の法律関係 ……………………………*77*
　　1　抵当権の処分　*(77)*
　　　1　普通抵当権の場合　*(77)*

2　根抵当権の場合　(80)
　2　第三取得者の地位　(81)
　　　1　代価弁済（民377）　(82)
　　　2　滌除（民378以下）　(82)
　3　根抵当権の確定　(84)
　　　1　確定事由と確定の時期　(84)
　　　2　確定の効力　(86)

4　その他の担保物権 ……………………………… 87

Ⅰ　留置権 ……………………………………87

1　総　説　(87)
　　1　意　義　(87)
　　2　同時履行の抗弁権との異同　(88)
2　法的性質　(89)
　　1　物権性　(89)
　　2　担保物権性　(90)
3　成立要件　(90)
　　1　他人の物の占有（民295Ⅰ本文）　(91)
　　2　その物に関して生じた債権（民295Ⅰ本文）　(91)
　　3　債権の弁済期到来（民295Ⅰ但）　(93)
　　4　占有が不法行為によって始まったものでない
　　　　こと（民295Ⅱ）　(93)
4　効　力　(94)
　　1　留置的効力（民295）　(94)
　　2　競売権　(95)
　　3　その他の効力　(95)
5　消　滅　(98)
　　1　被担保債権の消滅時効　(98)
　　2　留置権に特有の消滅原因　(99)

目 次

- II 先取特権 …………………………………… 100
  - 1 総　説 (100)
  - 2 法的性質 (100)
    - 1 物権性 (100)
    - 2 担保物権性 (101)
  - 3 種類と要件 (103)
    - 1 一般の先取特権 (103)
    - 2 動産の先取特権 (104)
    - 3 不動産の先取特権 (107)
  - 4 効　力 (108)
    - 1 優先弁済的効力（民303）(108)
    - 2 他の債権者との優先順位 (109)
    - 3 第三取得者との関係 (111)
    - 4 その他の効力 (111)
  - 5 消　滅 (112)
- III 質　権 …………………………………… 113
  - 1 総　説 (113)
    - 1 意　義 (113)
    - 2 法的性質 (113)
    - 3 種　類 (114)
  - 2 動産質 (115)
    - 1 要　件 (115)
    - 2 効　力 (116)
    - 3 消　滅 (118)
  - 3 不動産質 (118)
    - 1 要　件 (118)
    - 2 効　力 (119)
    - 3 消　滅 (121)
  - 4 権利質 (121)

1　総　説 (*121*)

　　　2　指名債権質 (*121*)

　Ⅳ　仮登記担保権 ……………………………… *125*

　　1　総　説 (*125*)

　　　1　意　義 (*125*)

　　　2　法的性質 (*125*)

　　2　要　件 (*127*)

　　　1　成立要件 (*127*)

　　　2　対抗要件 (*128*)

　　3　効　力 (*128*)

　　　1　概　観 (*128*)

　　　2　所有権取得的効力 (*128*)

　　　3　優先弁済的効力 (*136*)

　　　4　用益権との調和 (*138*)

　　4　根仮登記担保権 (*139*)

　Ⅴ　譲渡担保 ……………………………… *140*

　　1　総　説 (*140*)

　　　1　意　義 (*140*)

　　　2　法律構成 (*140*)

　　　3　有効性 (*142*)

　　　4　社会的作用 (*142*)

　　　5　法的性質 (*143*)

　　2　要　件 (*144*)

　　　1　成立要件 (*144*)

　　　2　対抗要件 (*145*)

　　3　効　力 (*145*)

　　　1　効力の及ぶ範囲 (*145*)

　　　2　優先弁済的効力 (*146*)

　　　3　目的物の利用関係 (*150*)

4　譲渡担保権者に生じた事由の効力　(151)
　　　　　4　消　滅　(152)
巻　末　事項索引・判例索引

図表等目録

1　民法典の構造　(2)
2　入札公告　(4)
3　物権・債権・担保物権　(5)
4　抵当権設定登記の記載例（旧様式）　(7)
5　担保制度　(10)
6　担保物権の分類　(14)
[説明図　担保物検の随伴性]　(16)
7　民事執行手続の流れ　(17)
8　元本確定登記　(22)
9　金銭消費貸借並びに抵当権の設定契約証書　(24)
10　抵当権設定登記（新様式・旧様式）　(28-29)
11　根抵当権設定登記（新様式・旧様式）　(31-32)
12　2年を超える利息損害金と他の債権との優劣　(34)
13　天然果実に対する抵当権の効力　(39)
14　不動産競売申立書　(44-47)
15　不動産競売開始決定　(48)
16　差押登記　(49)
17　現況調査報告書　(50)
18　評価書　(51-52)
19　物件明細書　(53)
20　売却許可決定　(54)
21　配当表　(56-57)
22　債権差押命令（物上代位）　(59)
23　順位上昇の原則　(60)
24　共同担保目録　(62)
25　共同担保の表示がある抵当権登記（旧様式）　(62)
26　共同抵当の割付け（同時配当）　(64)
27　異時配当の例　(66)
28　共同抵当の次順位抵当権者の代位登記　(67)
29　賃借権設定仮登記及び条件付賃借権設定仮登記　(71)
30　抵当権の処分（普通抵当権の場合）　(78)
31　留置権と同時履行の抗弁権　(88)
32　留置権に基づく動産競売申立書　(96)
33　動産売買の先取特権（物上代位）に基づく債権差押命令　(102)
34　担保仮登記　(126)
35　第三者異議の訴えの訴状　(149)

1 序論

I　本書の守備範囲

　我が国の民法は，物権法定主義の立場をとっていて，物の価値（使用価値と交換価値）の全部又は一部を支配する権利である物権は，民法典その他の法律により認められた物権しかその存在を認められておりません（175条）。そして，民法典は，民法175条以下を「第2編　物権」とし，第1章の総則（175条～179条）と第2章以下の各則（180条～398条ノ22）に分けて規定していますが，講学上，前記にいう総則が物権法総論，各則が物権法各論と称される分野です。この物権法各論のうち，民法295条から398条ノ22までの，留置権・先取特権・質権・抵当権に関する部分が担保物権法と称される分野です。

　本書においては，前記のように現在の民法典の295条から398条ノ22までの，留置権・先取特権・質権・抵当権を主な説明対象としますが，そのほかに，類似の性質を有することから，仮登記担保契約に関する法律に基づく仮登記担保権，判例法により担保物権類似の権利と認められた譲渡担保権についてもその対象に採り上げることとします。

II　担保物権法学習の有用性

　前記のような分野である担保物権法を学習すれば，概ね，次のような意味で社会の実情の理解に役立つと考えられます。

1　金融取引の実務に詳しくなることができる
　金融は，社会において経済活動が行われるためのいわば血液であって，

1 序論

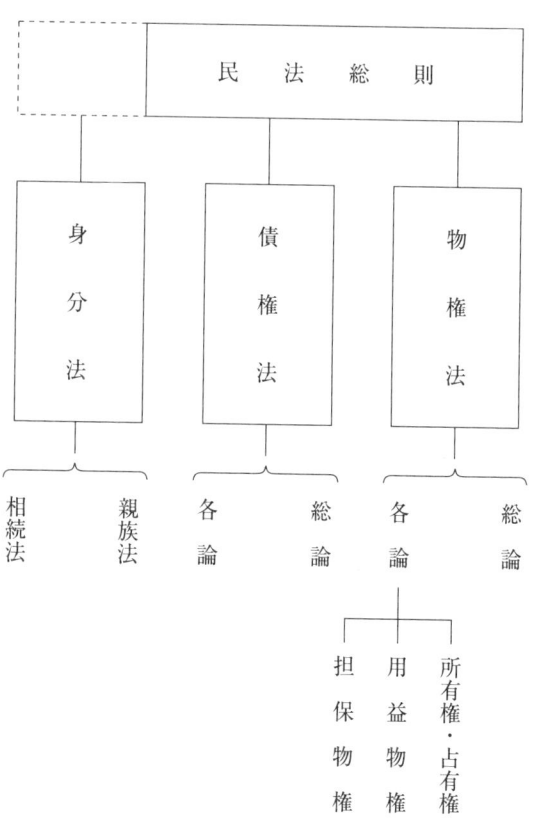

図1 民法典の構造

社会的にみて極めて重要な地位を占めています。ところで金融は、これを法律的にみると、金銭消費貸借契約(民587条以下)が実行されたということであって、この契約締結により、貸主は借主に対し一定の時期にその返済を求める金銭債権(貸金債権。利息及び遅延損害金を含むことが多い)を取得することになりますが、金銭債権の経済的価値を左右するのは債務者の一般財産だけであり(この意味は後述します)、しかも債権者相互間では平等です(債権者平等の原則)から、貸金債権の経済的価値は債務者

の一般財産の多寡に左右されることになります。しかし融資の便を与えようとする者が，その返済をより確実にするため債務者等の特定の財産から優先弁済を受けたいと考えた場合，第三者が保証人になること（人的担保）を要求したり，特定の財産に担保権を設定すること（物的担保）を要求したりすることがありますが，この物的担保が本書の対象とする分野です。物的担保は，民法の定める担保物権が主たる地位を占めていますが，後に述べる譲渡担保権のような非典型担保権もあり，また取引社会において生成される様々な権利が新たに担保の対象とされる例が少なくありません。このような意味で，担保物権法を学習することにより，各種の金融取引に関する物的担保につき詳しくなることができるわけです。

2 競売実務に詳しくなることができる

皆さんは，日刊新聞紙の一部に次頁のような記事が載っていることを見たことがあると思います。

これは，債務者が金銭債務を履行しないため，債権者からの申立てを受けた裁判所が，債務者等が所有する不動産を強制的に売却するため，買受人をいわば公募するための公告です。

裁判所が債務者等の財産を強制的に売却するための手続を定めた法律は民事執行法ですが，同法は，判決等で確定した債務の強制履行を定めた強制執行手続と担保物権の効力としての強制換価を定めた担保権実行手続の2つに分かれます。これらは，現象的には類似した手続ですので同一法規として規定されているわけです。図2の事件符号で（ヌ）とあるのは強制執行，（ケ）とあるのは担保権実行ですが，担保物権法を学習すれば，このうち後者にいう担保権実行としての競売に詳しくなることができます。

III 担保物権法の学習方法

本書は，前記のような効用もある担保物権法の概要を解説しようとするものですが，担保物権は後に述べるように被担保債権の存在を前提と

I 序論

図2 入札公告

裁判所公告

不動産入札公告（期間入札）
東京地方裁判所

入　　札	平成11年7月7日～7月14日
開　　札	平成11年7月21日 午前9時30分
特別売却	平成11年7月22日～8月23日
入札場所	東京都千代田区霞が関1ノ1ノ4 東京地方裁判所執行官室 東京地裁民事21部2係

売却物件の明細を知りたい方は平成11年6月23日から執行官室で物件明細書等を閲覧できます。入札方法の詳細書等閲覧室で物件明細書等を閲覧してあります。期間入札で適法な買受け申出がなかった場合には前記の通り特別売却を実施しています。
特別売却期間中には前記の写しを閲覧室で物件明細書等を閲覧してあります。
売却代金は、売却許可決定の確定から2ヵ月以内で裁判所の決める日までに払い込むことになっています。

入札手続の詳細は東京地方裁判所執行官室 03-3581-5411（代表） 内線4679、4678

土地付建物

平成10年（ケ）第1392号
豊島区上池袋北町1丁目378
東武東上線北池袋駅3丁目徒歩7分
土地 最低売価額 3・9億9926万円
建物宅地 53㎡ 建ぺい率63K％ 容積率320％
建物 木造2階建 住居 6㎡ 昭和0年築

平成10年（ケ）第1392号
千代田区大谷田4丁目
最低売価額 1万円
土地 83・52㎡ 建ぺい率60％ 容積率200％
①作業場 鉄骨造2階建 41年10月 軽量鉄骨造 2階建 ②木造2階建 洋室×2+K
バス停「大谷田四丁目」（以下、省略）

（日本経済新聞平成11年6月21日夕刊による）

し，その履行を確保するために認められる制限物権です。このような性格を有することから，その学習に当たっては次のようなことを留意する必要があります。

1　債権法の理解が必要であること

担保物権は，前述のように，被担保債権の存在を前提とする制限物権です。財産的利益を内容とする民法上の権利（財産権）には，周知のとおり，人の物に対する支配権としての物権と人（債権者）の人（債務者）に対する権利としての債権とがありますが，担保物権は，前記のような内容を有する債権を担保するための物権であるという意味で，物権法としての性格を理解するほかに，被担保債権の発生・変更・消滅等に関する

III 担保物権法の学習方法

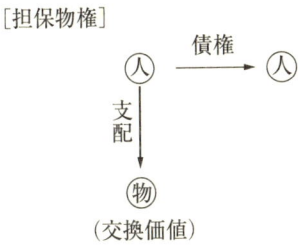

図3 物権・債権・担保物権

債権法の理解が前提となります。この意味で，担保物権法を学習する前にある程度債権法の学習を先にした方がよいということができます。

2 民事執行法の理解が必要であること

民法は，私人と私人との間の権利義務関係を定めた法律で，実体私法に属します。担保物権法も民法の一部ですから，実体私法に属します。そして，実社会における私人と私人との権利義務関係が，実体私法の定めるとおり整然と実現されていれば何の問題も生じませんが，私人と私人との間の具体的権利義務関係の有無及びその内容について争いが生ずることになると，その間の紛争を裁判で解決するための手続法が必要となります。この意味における手続法が民事訴訟法であり，実体法としての民法と手続法としての民事訴訟法がその内容において整合性を有することによって初めて，私人の権利の保護が十分となるわけです。このような意味で，実体法としての民法を十分に理解するためには手続法としての民事訴訟法をも理解する必要があるわけです。

ところで，担保物権は，その存否・範囲等につき紛争が生じたときは

民事訴訟法に基づきその紛争の解決が図られますが，債務者が債務の履行をしないため担保物権の効力としての強制換価しようとするときは，その存否等につき争いがないときでも，国家機関である裁判所の手を借りて行うことになります。この競売手続は，任意競売とも称され，強制執行としての強制競売と区別され，その根拠法令も，民事執行法が制定される以前は競売法でした（これに対し強制競売は，民事執行法制定前の民事訴訟法に定められていました）が，民事執行法制定後は，手続の類似性から強制競売と同一の法律で定められるところとなり，同法181条以下にその詳細が定められています。

そして，実体法は手続法と一体として理解する必要があることは前述したとおりですから，担保物権法を真に理解するには，手続法たる民事執行法（特にその181条以下）も理解する必要があることになります（因みに，民法の規定の中にも，滌除に関する378条以下のように，手続を定めたものがあります）。

3　不動産登記の記載に習熟すること

担保物権は，前に述べたように，物権ですから，目的物が不動産であれば民法177条により登記が，同じく動産であれば民法178条により占有（引渡）が，それぞれ対抗要件となります。このうち，経済的価値の大きい担保物権は不動産の方ですから，実社会において用いられる担保物権の多くは，不動産に対する担保物権です。そして，不動産物権変動の公示方法である不動産登記手続を定めた法律が不動産登記法ですから，実社会の担保物権取引の実情を知るには，不動産登記法に従った不動産登記の内容を正確に理解する必要があります。

次頁の図は，担保物権たる抵当権の登記記載例ですが，抵当権登記は登記事項が多く，それぞれに固有の意味がありますから，これらを正確に理解した上で（詳細は後述）取引等に対処すべきです。

4　判例の動向に留意すること

担保物権は，前述したように，被担保債権となる特定の債権を他の債権よりも優遇しようとするものですから，債権回収の必要がある債権者

図4　抵当権設定登記の記載例（旧様式）

```
抵当権設定
第弐九五四壱号
平成何年何月何日受付
原因　平成参年壱月弐日
　　　金銭消費貸借同日設定
債権額　金八億壱千万円
利息　年七・弐〇％
損害金　年壱五％
債務者　○○市××六七弐番地
　　　　　山　田　高　人
抵当権者　○○市湘南台五丁目
　　　　　壱四番地壱○
　　　　　○○市農業協同組合
共同担保目録(し)第参四参七号
```

からみると，できるだけ担保物権の成立の範囲を拡げようと努力することは明らかです。そして担保物権は，民法その他の成文法により認められた典型担保のほか，譲渡担保権のように判例法によりその存在を認められた非典型担保もあります。この非典型担保は，成文法に明確な根拠を持たないことから，その意義・法的性質・効力等の内容が必ずしも明確でなく，必然的にこれらにつき絶えず判例の動向に注意を払う必要がある，ということができます。因みに後に述べる仮登記担保権は，最高裁判所の多くの判例によりその存在が認められ，それらを集大成した形で仮登記担保契約に関する法律という成文法が制定されることとなったものです。

このような意味で，担保物権法は，民法の他の分野に比べ，判例法の占める比重が高い分野であるということができます。

Ⅳ　本書の構成

前記のような諸事情を考慮した本書の構成は，次のとおりです。

その1は，説明の順序は，民法典の順序にとらわれず，まず社会的意義が最も大きくかつその性質が担保物権としての性格が最も典型的な抵

当権を採り上げ，次いでその他の担保物権について説明する，という順序にしました。抵当権のことを十分理解できれば，他の担保物権は抵当権との差異を中心に覚えれば足りると考えられるからです。

　その2は，手続法との関係を随時採り上げたということです。すなわち，民法その他の実体法は，手続法たる民事訴訟法や民事執行法との関係で理解することが大変有意義ですが，担保物権法の場合も同様であり，競売手続を定めた民事執行法を中心に手続法との関係を説明します。

　その3は，説明の範囲を，理論的に重要な部分で実務的にも繰り返し問題となる部分に集中し，その余の部分は簡略に説明するにとどめたということです。これは，本書が初めて担保物権法を学ぶ方を念頭に置いたことと，民法典の担保物権法に関する規定の中には技術的な規定も少なくないからです。

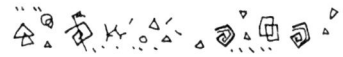

2 総　論

I　物的担保制度の意義

1　担保制度の必要性

　債権は，債務者に対して一定の給付を請求することができる権利ですが，債務者が任意にその履行をすれば，債権はその目的を達して消滅します。ところが，債務者が任意にその履行をしないときは，債権者は債務者に対し，現実的履行の強制（民414）をすることができますが，ここにいう履行強制の手段は，金銭債権であれば債務者に金銭の支払をさせることです。それ以外の債権では，物の引渡しは国家機関たる執行官による直接強制ができます（民執法168条以下）が，代替執行や間接強制による場合（民執法171・172条）は最終的には債務者に金銭の支払を命じて履行を強制することになります。したがって，債権の効力は，結局，ほとんどの場合，金銭の支払を請求することに帰着することになります。しかし現代法において，債務者をして金銭を支払わしめる方法としては，債務者の有する財産を処分してこれを金銭に代える方法しか認められていない（もっとも，刑事罰としての罰金刑においては，この金銭債権の履行を強制する手段として，刑法18条により労役場留置という特別の手続が定められていますが，これは私法上の手続ではありません）ので，現代法における債権の効力の最後の守りは，債務者の有する一般財産，すなわち強制執行によって換価処分しうる財産（この意味で，一般財産を責任財産という）であるということになります。このようなことから当該債権の有する経済的価値の有無と程度は債務者の一般財産の多寡によるということができます。

図5　担保制度

民法の認める担保制度 ┬ 物的担保 ── 担保物権
　　　　　　　　　　└ 人的担保 ── 保証人等

　しかし債権は，債務者の行為により一般財産がその手から離れても債権者はこれを追求することができないので，債務者の行為により債権の経済的価値が失われるおそれがあります。また，仮に債権者が債務者の一般財産を差し押えたとしても，当該債権は，債権者平等の原則からしてその後に成立する他の債権のためにその経済的価値を減少させられるおそれがあります。
　そこで，特定の債権について特にその経済的価値を確保しようとするときは，その債権のために，債務者の一般財産による担保以上の何ものかを確保しなければなりません。これが，担保制度の要請される理由です。

2　人的担保と物的担保

　ここにいう担保制度には，現行法上，人的担保と物的担保の2つが認められています。前者の人的担保は，債権者が債務者以外の第三者(保証人，連帯保証人等)との合意により，その者の一般財産をも当該債権の一般担保とするものであって，保証(民446以下)がその最も主要なものです。後者の物的担保は，債務者またはその他の者(物上保証人)が有する物の交換価値を把握するなどの制限物権を取得して，当該債権につき法律上または事実上の優先弁済を受けることができるものです。前者の人的担保は，保証人や連帯保証人などが有する一般財産の状態に左右されますから，当該債権の経済的価値は，担保提供者の信用・資力などの人的要素に，もっぱら依存しているということができます。これに対し物的担保は，担保提供者の人的要素に依存するところが少なく，しかもこの担保は，排他的かつ絶対的権利である物権として構成され，その内容

は、当該債権が法律上または事実上優先的弁済を受けることができるとされているものです。すなわち、当該債権は差押等をする以前においても担保財産に追求力を持ち、しかもその財産に限っては、他の一般債権者よりも優先的地位を取得するのですから、前に述べた担保制度必要の要請には基本的にこたえているといってよく、担保の制度としては優れているといえます。もっとも、もともと債務者が担保に供すべき財産を持たない場合には、人的担保が極めて有用な制度であることはいうまでもありません。

Ⅱ 担保物権の種類

1 民法の認める担保物権

民法が認める担保物権は、留置権・先取特権・質権・抵当権の4種です。これらの詳細は後に説明しますが、その大体の内容は次のとおりです。

1 留置権（民295以下） 留置権とは、他人の物の占有者がその物に関して生じた債権を有する場合に、法律上当然に（担保権設定の合意なしに）、その債権の弁済を受けるまでその物を手許に留めておくことができる担保物権のことです。例えば、時計を修繕した時計商は、その修繕料の支払を受けるまでは、誰に対してもその時計の引渡しを拒むことができます。このように、債権者（時計商）が被担保債権（修繕料債権）の履行を確保するため一定の物（時計）を留置することができる物権が留置権です。

2 先取特権（民303以下） 先取特権とは、法律の定める一定の債権を有する者が、法律上当然に債務者の財産から他の債権者に優先してその債権の弁済を受けることのできる担保物権のことです。例えば、旅店主はその宿泊料については旅客の手荷物（動産）から他の債権者に優先して弁済を受けることができます（民311③・317）。このように、法律の定める債権の債権者（旅店主）が被担保債権（宿泊料債権）の履行を確保するため一定の物（旅客の手荷物）から優先弁済を受けることができる物権が

先取特権です（動産先取特権の例）。

　3　**質権**（民342以下）　質権とは，債権者が約定により債権の担保として債務者または第三者から受け取った財産を債権の弁済を受けるまで占有し，かつ債務者がその支払をしないときは他の債権者に優先してその債権の弁済を受けることのできる担保物権のことです。例えば，BがAに洋服の質入れをして借金すると，Aはその洋服を貸金の返済があるまで手許に留めておくことができるだけでなく，債務の完済がなければその洋服の換価代金から優先的に貸金の返済を受けることができます。このように，債権者が被担保債権（貸金債権）の履行を確保するため一定の物（洋服）を留置することができると同時にその換価代金から優先弁済を受けることができる担保物権が質権です（動産質権の例）。

　4　**抵当権**（民369以下）　抵当権とは，債権が履行期までにその弁済を受けない場合において，債権者が約定により債務者または第三者から占有を移さずに債権の担保として提供を受けた不動産等から，他の債権者に優先してその債権の弁済を受けることのできる担保物権のことです。例えば，地主が所有土地に抵当権を設定して借金すると，地主はその土地を依然として占有することができますが，借金を履行期までに完済しないと，貸主はその土地を競売してその換価代金から優先的に貸金の返済を受けることができます。このように，債権者が被担保債権の履行を確保するため一定の不動産につきその換価代金から優先弁済を受けることができる担保物権が抵当権で，いわば担保物権のチャンピオンともいえる存在です。

2　その他の担保物権

　商法をはじめ特別法の定める担保物権は少なくありません。例えば，商法上の留置権（商51・521・557・562など），会社使用人の先取特権（商295），船舶抵当（商848），工場抵当法による工場抵当および工場財団抵当等がありますが，その詳細は省略します。初学者として学習しておいてほしい担保権は，次の2つです。

　1　**仮登記担保権**　仮登記担保権とは，債権者が，金銭債権の満足を

確保するために，債務者その他の第三者との間において，その所有不動産等につき代物弁済の予約・停止条件付代物弁済契約または売買予約等を締結した場合に，債務者の債務不履行があり，しかも債権者が予約完結の意思表示をなしあるいは停止条件が成就したときは，債権者が目的不動産等を適正評価額で確定的に自己の所有に帰せしめるかまたは相当の価格で第三者に売却するなどしたその評価額または売却代金額から，当該債権につき優先弁済を受けることのできる権利のことです。厳密な意味の担保物権であるかは議論の余地がありますが，予めの権利保全方法として仮登記が経由されているので，仮登記担保権と呼ばれています。この担保権は，最判昭49・10・23民集28・7・1473等を始めとする判例法によりその存在を認められていましたが，その後，仮登記担保契約に関する法律が制定され，その要件・効果等が明確にされました。例えば，BがAからその所有建物につき仮登記担保権を設定して借金をした場合，Bがその借金の完済をしないと，Aは，予約完結の意思表示をなしまたは停止条件が成就したとして，その建物を適正評価額あるいはそれを相当価額で第三者に売却した代金額から，優先的に貸金の返済を受けることができます。

2　譲渡担保権　　譲渡担保権とは，債権者が金銭債権の満足を確保するために，債務者その他の第三者から，特定の財産権（主として所有権）の譲渡を受け，債務者の債務不履行があったときは，債権者が前記財産権を，適正に評価された価額で確定的に自己の所有に帰せしめるかまたは相当の価額で第三者に売却するなどしたその評価額または売却代金額から，当該債権につき優先弁済を受けることのできる権利のことです。この担保権は，主として判例法においてその存在を認められているものです。例えば，BがAにその所有の家財道具（動産）を譲渡担保に入れて借金した場合，Bがその借金の完済をしないと，Aはその家財道具を適正に評価した価額あるいはそれを相当価額で第三者に売却した代金額から，優先的に貸金の返済を受けることができます。

図6　担保物権の分類

	発生原因	効力			客体		
		留置	使用収益	優先弁済	不動産	動産	その他
留置権	法定担保物権	○			○	○	
先取特権	法定担保物権			○	○	○	○（総財産）
質権	約定担保物権	○	○（不動産質権）	○	○	○	○（財産権）
抵当権	約定担保物権			○	○		○（地上権,永小作権）

3　担保物権の分類

1　発生原因による分類

担保物権はその発生原因によって，法定担保物権と約定担保物権に分けることができます。法定担保物権は，設定契約という約定を要せず一定要件の充足により法律上当然に発生するもので，留置権と先取特権がこれに属します。これに対し約定担保物権は，当事者間の設定契約（約定）に基づいて発生するもので，質権及び抵当権がこれに属します。非典型担保権である仮登記担保権や譲渡担保権も約定担保物権の系列に属すると考えられます。

2　本質的効力による分類

担保物権には，その本質的効力が，①留置的効力にあるもの，②使用収益的効力にあるもの，③優先弁済的効力にあるもの，がそれぞれ存在します。①の留置的効力とは，目的物を留置することによって債務者を心理的に圧迫して弁済を促すという効力であり，②の使用収益的効力とは，債権者が目的物を使用収益することによって債務の一部（利息―民356）に充当することができる効力であり，③の優先弁済的効力とは，目的物の交換価値を把握し債務者が支払をしないときはそれを強制的に換価して売却代金から優先弁済を受けることができる効力のことです。

留置権は留置的効力を有し、先取特権と抵当権は優先弁済的効力を有し、質権は両効力を有します(不動産質権は更に使用収益的効力も有します—民356)。仮登記担保権や譲渡担保権は、あまり明確でありませんが、少なくとも優先弁済的効力は有すると考えられます。

III　担保物権の通有性

1　各種の担保物権は、それぞれ固有の性質を有することはいうまでもありませんが、担保物権が債権担保を目的とする権利であることから、通常、次に掲げる性質を有するとされています。

2　**付従性**　担保物権は、債権担保をその唯一の目的として存在する権利であり、したがって債権のないところに担保物権だけが存在することは不可能です。これを担保物権の付従性といいます。すなわち債権が発生しなければ担保物権が発生することはなく(成立における付従性)、担保物権を債権と分離して処分することはできず(存続における付従性)、債権が消滅すれば担保物権も消滅します(消滅における付従性)。

例えば、債権者Aが債務者Bに対し、甲債権(被担保債権)のために乙建物の上に丙担保物権を有するとした場合、甲債権の発生原因が全て不存在で甲債権が発生しないときは担保権設定契約が有効に成立していても丙担保物権だけが成立することはなく(成立における付従性)、またAが丙担保物権だけを分離して第三者Cに譲渡等の処分をすることはできず(存続における付従性)、更に甲債権が弁済等により消滅すれば丙担保物権も当然に消滅します(消滅における付従性)。

3　**随伴性**　担保物権は、債権に伴って移転します。これを担保物権の随伴性といいます。

例えば、次頁の説明図の例において、債権者でかつ担保権者であるAが第三者Cにその債権を譲渡したときは、丙担保物権の権利者は当該債権の譲渡に随伴しCに移転することになります。

もっとも、根質・根抵当などの根担保については、その確定(根抵当権については民398ノ6・398ノ19・398ノ20など)前においては債権と担保の結びつきが否定されていますから、債権の移転があっても担保権はこれに

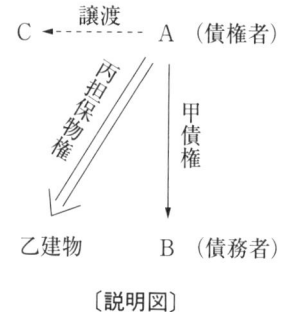

〔説明図〕

随伴しません（根抵当について民398ノ7・398ノ8）。

  4 **不可分性**　担保物権は，いずれも被担保債権の全部の弁済があるまで目的物の全部の上に効力を及ぼし，債権の一部弁済があっても目的物の一部が担保物権の拘束を脱することはありません。これを担保物権の不可分性といいます。

  例えば，前記説明図の例において，甲債権額が金100万円であったところその後金90万円の弁済を受け残債権額が金10万円になっても，Aは残債権金10万円のために依然として丙担保物権を有することになります。

  民法はこの性質を留置権について規定し（民296），先取特権・質権・抵当権にこれを準用しています（民305・350・372）。

  5 **物上代位性**　担保物権のうち優先弁済的効力を有するもの（先取特権・質権・抵当権・仮登記担保権・譲渡担保権）は，その目的物が売却されて代金に代わり，賃貸されて賃料を生じ，滅失毀損によって保険金等に変わった場合には，その担保目的物の代わりたる代金・賃料・保険金等の上にその効力を及ぼします。これを担保物権の物上代位性といいます。

  例えば前記説明図の例において，丙担保物権が抵当権で乙建物が焼失し火災保険金債権が発生したときは，抵当権者Aは火災保険金債権の上に優先弁済的効力を及ぼすことができます。ただし，この効力を及ぼすことができるためには民事執行法に基づく差押え等の手続（後述）をとることが前提となります。民法はこの性質を先取特権について規定し（民304），これを質権および抵当権に準用しています（民350・372）。

Ⅳ　担保物権と民事執行法

　担保物権は，前述したように，担保物権を有する債権者が他の一般債権者よりも法律上または事実上優先して目的物から弁済を受けることができる物権ですから，その効力の中心となるのは，抵当権がその典型であるように，優先弁済的効力です。そして，担保物権を有する債権者が目的物に優先弁済的効力や物上代位権を行使する手続を定めているのが民事執行法であり，同法の概要を理解することが担保物権法学習の前提でもあります。

　民事執行法は，先にも述べたとおり，強制執行手続と担保権実行手続の双方を定めた法律であり，担保権実行手続は同法181条以下にその規定があります。

　担保権実行としての民事執行も，強制執行の場合とほとんど同一であり，担保権者の申立てに基づき執行機関（裁判所又は執行官）が目的物を差し押え，その後これを売却（競売）する等して換価し，優先順位に従って担保権者を含む債権者に配当する，というものです。例えば，後に詳述しますが，抵当権者Aが債務者Bから弁済期になっても甲債権の弁済を受けられないときは，目的物たる乙建物につき執行裁判所に不動産競売開始の申立てを行い（民執法181），これを受けた執行裁判所が同申立てを適法と認めたときは同建物を差し押さえ（不動産競売開始決定），競売により同建物を売却して，その売却代金を抵当権者Aを含む各債権者に優先順位に従って配当する，ということになります。

図7　民事執行手続の流れ

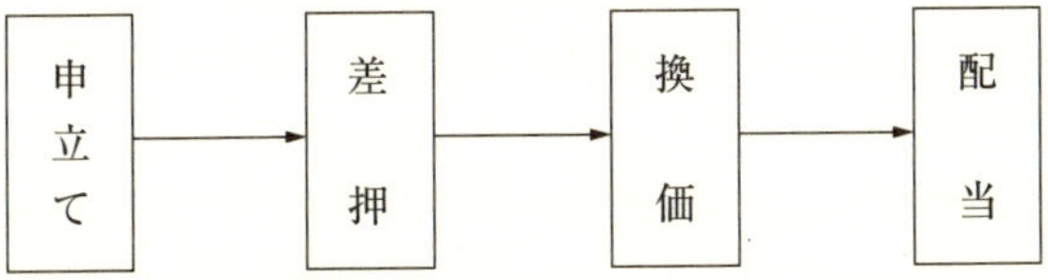

申立て → 差押 → 換価 → 配当

3 抵当権

I 総説

1 意義とその社会的作用

　抵当権は，債務者から履行期までにその弁済を受けない場合において，債務者がその債権の担保として債務者または第三者（物上保証人）から占有を移さずに提供を受けた不動産またはこれに準ずる財産権から，他の債権者に優先してその債権の弁済を受けることのできる担保物権で（民369），担保物権の中のチャンピオン的存在です。この担保物権は，留置権・先取特権のように法律上当然に発生する（法定担保物権）わけではなく，質権と同様に，担保権を設定しようとする当事者間の合意（抵当権設定契約）によって成立する約定担保物権です。
　ところで，物的担保を設定して金融の便を得ようとする者には，民法典上は，質権を設定する方法と抵当権を設定する方法とがあります（後に述べる仮登記担保権や譲渡担保権も金融の便を得る手段ですが，民法典に直接の定めはありません）。一方，担保物権は，被担保債権の履行を確保することができればそれだけで十分のはずです。そうすると，目的物の占有を担保権設定者から担保権者に移転することを要するとすることは，担保権設定者からみた場合は，以後生産活動ができなくなるという不都合がある一方，担保権者からみた場合も，目的物の占有を取得することあるいは目的物を使用収益することは，その能力からみてこれを煩わしく感じる等の不都合があるといえます。したがって，目的物の担保権者への占有移転を要件とする質権は金融の便を得る手段としての物的担保として十分に合理的なものとはいえず，これに対し，占有移転を要件としな

い抵当権はその目的によく合致した物的担保ということができます。

2 普通抵当権と根抵当権

　抵当権は，前述のように，使用価値を債務者側に留保させたまま不動産という重要な財産を物的担保とすることができるという意味で有用な物的担保ですが，物的担保であるということから，次に述べるように，被担保債権の存在をその存立要件とする（付従性）とともに，登記がその対抗要件であるという宿命を免れることはできません。しかし，抵当権が物的担保としてよく利用される金融取引は，多数回に亘り継続的に実行されることが少なくなく，このような場合に被担保債権の発生・消滅ごとに抵当権も発生消滅を繰り返し，対抗要件たる登記もそのたびごとに記入・抹消しなければならないとすることは金融取引にとって不便であることも事実です。このような場合に，一定の種類の取引に基づく債権を一定の限度で一定の時期まで担保する抵当権が認められれば便利であり，このような考慮から民法の昭和46年改正により認められたのが根抵当権です（民398ノ2以下）。

　すなわち，根抵当権とは一定の範囲に属する不特定の債権を一定の限度において担保する抵当権のことであり（民398ノ2），元本確定前の付従性・随伴性は否定されています。これに対し，一回的な特定の債権を担保するために設定される抵当権は普通抵当権と称されることがあり，付従性・随伴性は当初から有しています。

　民法典は，その369条以下で普通抵当権について規定し，根抵当権はその398条ノ2以下で普通抵当権の例外規定として定めていますが，現実の金融取引においては根抵当権が担保権として利用される例が多く，裁判実務を経験してきた筆者の実感としても，普通抵当権と根抵当権とではほぼ半々位のような感じがします。

　そこで以下においては，分説するのが適当と思われる箇所については，普通抵当権と根抵当権とに分けて説明することとします。

3 法的性質

1 普通抵当権

(1) 付従性がある　抵当権は，他の担保物権と同じく債権担保を目的とする権利ですから，普通抵当権の場合，被担保債権の存在しないところには存在しえない（付従性）という性質があります。ただ，この付従性は次第に緩和されてきており，成立における付従性においては，期限付債権（債権の成立そのものが期限付であるもの）または条件付債権のためにも現在の抵当権が成立するとされています。また，存続における付従性においては，抵当権またはその順位の譲渡・放棄，および抵当権だけを再び担保に供すること（転抵当）が認められています（民375・376）。これに対し，消滅における付従性および優先弁済を受けるについての付従性については，前者はわが民法が所有者抵当権を認めていないことからして，後者はその付従性は担保物権としての最小限度の付従性であることからして，いずれもその緩和は認められておりません。

なお，成立における付従性に関連して次のような問題があります。すなわち，農業協同組合または労働金庫などの公益目的を有する法人が，その組合員または会員以外の第三者へ，法人の目的と全く関係のないいわゆる員外貸付を行なった場合，当該金銭消費貸借契約は，法人の権利能力の範囲を超えたものとして無効となりますが，この場合，この貸金返還請求権を担保するために設定された普通抵当権は，法人の第三者に対して有する不当利得返還請求権（消費貸借契約が無効である以上貸金返還請求権は成立しないが，不当利得としてその交付した金員の返還を請求しうる）を担保することにならないでしょうか。これにつき，判例（最判昭41・4・26民集20・4・849，同昭44・7・4民集23・8・1347）は，抵当権の付従性を厳格に解し，被担保債権たる貸金返還請求権が無効である以上，抵当権も成立しないとして，この抵当権は不当利得返還請求権を担保しないとします（ただし，信義則等により，事案の妥当な解決を図ることはあるとする）が，これに対しては，そもそも付従性の原則は金員の授受がないため被担保債権が成立しない場合の議論であり，金員の授受はあるが契

約が無効な場合は別個の考慮をすべきであること等を根拠とする反対論もあります。

(2) **随伴性がある**　すなわち，普通抵当権の場合，被担保債権が譲渡により移転すれば抵当権も移転し，この移転については債権譲渡の対抗要件（民467）のほかに抵当権移転の付記登記（不動産登記法134）が必要です。

(3) **不可分性がある（民372・296）**　すなわち普通抵当権者は，被担保債権の一部の弁済を受けても，残額が少しでも残っている限りは目的物全部を競売する権利を有します。

(4) **物上代位性がある（民372・304）**　すなわち，物上代位性とは，普通抵当権の目的物が売却されて代金に変わり，賃貸されて賃料を生じ，滅失・毀損によって保険金等に変わった場合は，その代金・賃料・保険金等の上に抵当権の効力が及ぶという性質です。この場合，その客体は，代金・賃料・保険金等の金銭それ自体ではなく，目的物所有者（債務者とは限らない）の有する「金銭その他の給付を求める債権」であり，その権利行使の要件として債権の支払前に差押えをなすべきこと，その方法は民事執行法の定める債権執行の方法（143条以下）によることになります。なお，物上代位性は抵当権において最も重要な適用を示すので，後に詳述します。

2　根抵当権

(1) **確定前の根抵当権と確定後の根抵当権**　根抵当権とは，一定の範囲に属する不特定の債権を一定の限度において担保する抵当権です（民398ノ2）。これは，一回的な特定の債権を担保するために設定される普通抵当権と異なり，銀行等の金融機関と商人，メーカーと卸商，卸商と小売商などのように継続的に取引が行われ債権額が増減変動を繰り返す当事者間で，それらの不特定多数の債権を一括して担保するために利用されるものです。この根抵当権は，ある元本債権が根抵当権により担保されることが具体的に確定する（民398ノ3・398ノ6・398ノ19・398ノ20各参照）前の根抵当権と確定後の根抵当権とでは，その法的性質が著しく異なりますので，以下これを分けて説明します。

③ 抵当権

(2) 確定前の根抵当権

イ 付従性はない 根抵当権は，先にも述べましたように，元本確定事由が生じたときに存在する一定取引に基づく債権を一定限度で担保するものですから，元本確定前の被担保債権と根抵当権との直接のつながりはありません。したがって，被担保債権が現に発生しなくとも根抵当権は成立し（成立における付従性の否定），また根抵当権を被担保債権から分離して処分することが可能であり（存続における付従性の否定），更に被担保債権が弁済等により消滅しても根抵当権が消滅することはない（消滅における付従性の否定）ことになります。

図8 元本確定登記

壱号	付記	壱
原因　平成何年何月何日確定 ㊞	第何号　平成何年何月何日受付	壱番根抵当権元本確定

ロ 随伴性もない 元本確定前の根抵当権では，被担保債権と根抵当権との直接のつながりはありませんから，被担保債権が他に譲渡されても根抵当権がこれに随伴することはありません（民398ノ7・398ノ8参照）。

ハ 不可分性もない 民法372条・304条がいう不可分性の問題は，担保物と被担保債権との直接のつながりがあることを前提とする性質であり，元本確定前の根抵当権には前記のとおり，つながりがありませんから，不可分性の性質も有しないことになります。

ニ 物上代位性はある 物上代位性とは，先にも述べたように，抵当権の目的物が売却されて，代金に変わり，賃貸されて賃料を生じ，滅失・毀損によって保険金等に変わった場合は，その代金・賃料・保険金等の上に抵当権の効力が及ぶという性質ですが，この性質は，抵当権と担保不動産との関係に関するものですから，元本確定前の根抵当権であってもこの性質は有すると考えられます。

(3) **確定後の根抵当権** 民法398条ノ19・398条ノ20により根抵当権によって担保される元本債権が確定すると，その確定後の根抵当権の性質は普通抵当権と同一になり，付従性・随伴性・不可分性・物上代位性をいずれも有することになります。

上の図は，根抵当権の元本が確定したときになされる登記であり，こ

の登記がある根抵当権は元本が確定していることになります。

Ⅱ　成立要件

1　普通抵当権の場合

　普通抵当権は，特定の債権を担保するために設定される抵当権であり，当初から被担保債権の存在を前提とします。したがって，普通抵当権の成立要件としては，①被担保債権の存在・②抵当権設定契約の2つが必要です。

1　被担保債権の存在
　普通抵当権が設定される被担保債権は，取引に基づく契約上の債権がほとんどであり，その中でも金銭消費貸借契約に基づく貸金債権のために普通抵当権が設定される事例が多い。この被担保債権は，貸金債権のように金銭債権であることが通常ですが，その他の債権であっても抵当権実行の時に金銭債権になっていれば十分であって最初から金銭債権である必要はありません。ただし，その設定登記をするためには，債権の価額（金銭債権以外の場合）を確定しなければなりません（不動産登記法120）。
　また被担保債権は，現存するものである限り，期限付債権または条件付債権であって差し支えありません。

2　抵当権設定契約
　抵当権は，抵当権を設定しようとする当事者間の契約によって成立する約定担保物権ですから，普通抵当権の場合は，前記1の被担保債権の存在のほか，当事者間において抵当権設定契約が締結されることが必要です。この契約は，当事者間の合意だけで成立する諾成契約であり，債務者自らがその所有不動産につき抵当権設定契約を締結することが通例ですが，債務者以外の第三者も物上保証人として締結することがあり，その者は抵当権が実行されて所有権を失うと債務者に対し求償権を取得

3 抵当権

図9 金銭消費貸借並びに抵当権設定契約証書

金銭消費貸借並びに抵当権設定
契約証書

第一条 株式会社甲銀行（以下甲という。）は、乙某（以下乙という。）に対し金何万円を貸し付け、本日乙は受領した。

第二条 本契約による債務の償還方法は、次のとおりとする。
平成何年何月何日を初回として毎月何日金何円宛を返済し、平成何年何月何日までに完済する。

第三条 利息は、年何％の割合により、元金分割返済と同時に支払うものとする。

第四条 左の場合には、乙は、期限の利益を失う。
 一 元金の分割返済を一回でも怠ったとき
 二 債務の全部又は一部を履行しないとき
 三 乙が差押、仮差押又は破産宣告を受けたとき

第五条 乙は、元金の債務不履行の場合は、年何％の割合による遅延損害金を支払う。

第六条 乙は、本契約による債務の担保として、その所有にかかる後記不動産につき、順位第何番の抵当権を設定した。

第七条 乙は、すみやかに抵当権設定登記手続をなし、その登記簿の謄本を甲に提出する。

第八条 担保物件が、原因の如何にかかわらず、変更、消滅し又は価額が減少したときは、乙は、直ちにその旨を甲に通知するものとする。

第九条 乙は、甲の承諾を得ないで、担保物件を他に譲渡、賃貸若しくは担保に提供すること又はその現状を変更する等甲に損害を及ぼす一切の行為をしてはならない。

第十条 本契約証書の作成及び登記その他本契約に関する一切の費用は、乙が負担する。

　　平成何年何月何日
　　　　何市何町何番地
　　　　　抵当権者　株式会社　甲銀行
　　　　　　　　　　代表取締役　甲　某㊞
　　　　何市何町何番地
　　　　　債務者（設定者）乙　某㊞

一、抵当不動産の表示（省略）

することになります(民372・351)。なお，民法上の抵当権の目的物は不動産または不動産物権ですから (民369)，即時取得 (民192) の形で抵当権が設定されることはありません。

前頁に掲げた図 9 は，金銭消費貸借契約（被担保債権の発生原因）と抵当権設定契約を併せて行った契約書の例です。

2 根抵当権の場合 ── 根抵当権設定契約

1 総　説

根抵当権は，根抵当権を取得する者と根抵当権の負担を設定する者との合意（根抵当権設定契約）のみによって設定されます。この場合，担保される債権の範囲はその合意によりこれを定めなければなりませんが，普通抵当権と異なり，被担保債権の存在は不要です（成立における付従性の否定）。

2 設定契約で合意すべき事項

イ　根抵当権は「設定行為ヲ以テ定ムル所ニ依リ一定ノ範囲ニ属スル不特定ノ債権ヲ極度額ノ限度ニ於テ担保スル」ものです(民398ノ2Ⅰ)から，(i)担保される不特定の債権の範囲（被担保債権の範囲）を合意により限定しなければならないし（債権者と債務者もこの範囲を決定する基準です），(ii)極度額の定めも合意しなければなりません。(iii)なお必要的合意事項ではないが，元本の確定期日を合意することもできます（民398ノ6参照）。

ロ　被担保債権の範囲（被担保債権適格）

(1) 被担保債権は，原則として，次の基準により特定される・取・引・債・権でなければなりません。したがって，公法上の債権・不法行為債権・不当利得債権等の非取引債権や，譲受債権のようにその債権者債務者間の直接の取引によって発生したものではない債権は，取引債権ではありませんから，原則として根抵当権の被担保債権適格を有しません。

①　「債務者トノ特定ノ継続的取引契約」（民398ノ2Ⅱ前段）

これは，いわゆる具体的決定基準とよばれているものであって，ある

当事者間における具体的な継続的取引契約が存在すればそれが被担保債権範囲の決定基準になるということです。例えば、「×月×日銀行取引契約」・「×月×日電気製品供給取引契約」などが締結された場合は、その契約条項に含まれる取引債権は全て当該根抵当権により担保されます。この場合注意すべきことは、この「特定ノ継続的取引契約」による特定は、当該契約の内容によって具体的な被担保債権が決定されるのであって、登記事項でもある当該契約の名称（不動産登記法117Ⅱにいう「担保スベキ債権ノ範囲」）によって決定されるものではないということです。この契約の名称は、当事者間において特定しうる名称であれば如何なる名称でも差し支えありません（最判昭50・8・6民集29・7・1187参照）。なお、このような事情から、現実の取引において設定される根抵当権は、次の「一定ノ種類ノ取引」による表示がほとんどです。

② 「一定ノ種類ノ取引」（民398ノ2Ⅱ後段）

これはいわゆる抽象的決定基準とよばれているもので、債権者と債務者との間において行われる取引の種類を指定することにより被担保債権の範囲が決定されるものです。例えば、「売買取引」「消費貸借取引」「電気製品取引」などのように定めるもので、この場合は、その名称は被担保債権の具体的範囲を決する基準として第三者に対しても客観的に明確なものでなければなりません。最判平5・1・19民集47巻1号41頁によれば「信用金庫取引」でも差し支えなく、これによれば信用金庫の根抵当債務者に対する保証債権も含まれるとされています。

(2) なお、次のものは取引債権でなくとも例外的に被担保債権たりうるとされています。

① 「特定ノ原因ニ基キ債務者トノ間ニ継続シテ生ズル債権」（民398ノ2Ⅲ前段）

これは、取引以外の特定の原因に基づき債務者との間に継続して生ずる債権、例えば特定の工場の排水によって継続して生ずる損害賠償債権（民709）あるいは酒造業者が製造場から酒類を移出することによって継続して発生する酒税債権（酒造法6・22）等のためにも根抵当権を設定しうるとするものです。

② 「手形上若クハ小切手上ノ請求権」（民398ノ2Ⅲ後段）

債務者が振出・裏書・保証した手形・小切手が第三者の間を輾転流通してんてん
して債権者がこれを取得するに至った場合，債権者は手形上または小切手上の請求権を債務者に対して取得しますが，この請求権はいわゆる譲受債権であって債権者と債務者との取引によって発生したものとはいえません。しかしこの規定は，このようないわゆる回り手形等による請求権も，設定者と根抵当権者の合意によって被担保債権とすることができるとしたものです（登記されるときは「手形債権」「小切手債権」等と表示される）。ただし，債務者の資力が悪化した場合に極度額に余裕があると，根抵当権者がかかる手形・小切手を廉価で第三者から買い受け，それを根抵当権により回収するという弊害が考えられるため，支払停止（債務者が支払不能に陥ったことをみずから表示することで，手形が不渡りになった場合がその典型例です）・破産申立等，債務者の信用状態の悪化を示す事実が発生した後に取得した回り手形等については，原則として根抵当権を行うことができないとして，後順位担保権者・一般債権者の保護を図っています（民398ノ3 II）。

(3) また，設定時において既に具体的に発生している特定債権を被担保債権に加えることも差し支えありません。特定債権が存在しても全体としてみれば不特定であることに変わりがないからです。

　ハ　極度額　　これは，増減変動する不特定の債権を担保する限度額のことであって（民398ノ2 I），元本のみならず利息・損害金も含んだ限度額です。

　ニ　元本確定期日（民398ノ6）　　元本確定期日とは，その期日以降に発生した元本債権は担保されないことになる期日であって，いわば根抵当権が流動性を失う日のことです。これは，設定者と根抵当権者との合意により定めることができますが，定めた日から5年以内でなければならず（民398ノ6 I III），また前記ロ・ハと異なり，任意的合意事項です（民398ノ6 I 参照）。

III 対抗要件

1 普通抵当権の場合

1 総説

　抵当権は，不動産物権ですから，抵当権設定登記をもって第三者に対する対抗要件とします（民177，不動産登記法1）。登記すべき事項は，物権変動の登記一般に要求される(i)「登記原因及ヒ其日附」(不動産登記法36条1項4号。普通抵当権は被担保債権の存在を前提としますから，被担保債権の発生原因事実と抵当権設定契約及び各日付が登記原因とその日付になります)。そのほか，(ii)被担保債権の元本額を意味する「債権額」，(iii)登記原因に利息債権の利率に関する定めがあるときは「利息ニ関スル定」め，(iv)遅延損害金の利率の定めがあるときの「債務ノ不履行ニ因リテ生ジタル損害ノ賠償ニ関スル定」め等も登記事項となります（不動産登記法117 I）。

2 抵当権設定登記の記載例とその説明

　次に示す登記記載例は，普通抵当権の設定登記についてのものであり，前者（新様式）はコンピューター化された登記所のもの・後者（旧様式）はコンピューター化される以前の登記所のものですが，内容的には差異がありません。

(1) 記載例

図10　抵当権設定登記

（新様式）

【順位番号】	【登記の目的】	【受付年月日・受付番号】	【原　　因】	【権利者その他の事項】
1	抵当権設定	平成何年何月何日第何号	平成何年何月何日金銭消費貸借同日設定	債権額　金何万円 利息　年何割何分 損害金　年何割何分 債務者　東京都○○区○○3丁目4番5号 　　　　乙　野　二　郎 抵当権者　東京都○○区○○一丁目○番○号 　　　　甲　野　太　郎 　（取扱店　株式会社何々相互銀行） 共同担保目録(か)第6399号

28

Ⅲ　対抗要件

（旧様式）

九	番号順位
抵当権設定 平成何年何月何日受付 第何号 原因　平成何年何月何日 　　　金銭消費貸借同日設定 債権額　金何万円 利息　年何割何分 損害金　年何割何分 債務者　東京都〇〇区〇〇三丁目四 　　　　番五号 　　　　乙野二郎 抵当権者　東京都〇〇区〇〇一丁目 　　　　〇番〇号 　　　　甲野太郎 共同担保目録㈹第六参五五号	事項欄

(2)　説　明

(1)　前記載例のうち，見出しに「抵当権設定」とあるのは普通抵当権の設定登記であることを示したものです。根抵当権の設定登記であれば後述のように「根抵当権設定」となります。

(2)　次に「平成何年何月何日受付第何号」とあるのは，当該登記所に登記申請がなされた年月日と受付番号を表わしたものです。

(3)　次に「原因　平成何年何月何日金銭消費貸借同日設定」とあるのは，普通抵当権は前述のように被担保債権の存在と抵当権設定契約をその成立要件とするものですから，被担保債権の発生原因たる「平成何年何月何日金銭消費貸借」と抵当権設定契約がなされた日付を「同日設定」と記載して，当該抵当権設定登記の登記原因を明らかにしたものです。

(4)　次に「債権額　金何万円」とあるのは，当該抵当権の被担保債権のうち対抗要件を備えるに至った元本額を明らかにしたものです。利息・損害金はこの元本額には含まれません。

(5)　次に「利息年何割何分」とあるのは，当該抵当権の被担保債権のうち対抗要件を備えるに至った利息債権の利率を明らかにしたものです。

利率を登記するだけで利息債権額全体について対抗力が発生しますが，後に述べるように利息債権の優先弁済効の範囲につき民法374条により最後の2年分という制限があります。

(6) 次に「損害金年何割何分」とあるのは，当該抵当権の被担保債権のうち対抗要件を備えるに至った遅延損害金債権の利率を明らかにしたものです。遅延損害金のうち年5分（民404）又は年6分（商514）の法定利率によるものはこの登記がなされなくとも対抗力があると解されていますので，この登記をする実益があるのは，法定利率を超える損害賠償額の予定（民420）の定めがなされているときということになります。なお遅延損害金債権の優先弁済効の範囲につき民法374条により最後の2年分という制限があることは利息債権の場合と同様です。

(7) 次に「債務者　東京都〇〇区〇〇3丁目4番5号　乙野二郎」とあるのは，当該被担保債権の債務者を表示したものです。債務者は当該不動産の所有者（抵当権設定者）であることが通例ですが，所有者以外の第三者であることもあり，その場合は当該所有者は第三者（債務者）のために自己所有不動産を担保に供した（物上保証をした）ことになります。

(8) 最後に「抵当権者　東京都〇〇区〇〇1丁目〇番〇号　甲野太郎」とあるのは，登記権利者たる抵当権者が誰であるかを明らかにしたものです。

3　抵当登記の流用

抵当権とその対抗要件たる登記とに関してよく問題となるものとして，抵当登記の流用があります。これは，抵当権の登記が被担保債権の弁済によりいったん効力を失った後，再び別個の債権とそれを担保するための抵当権が設定された場合に，たまたま前の登記が残っていたのを当事者の契約で流用することをいいます。この場合の流用登記の効力について，現在は，登記の有効要件一般の理論により，前の抵当権消滅後でしかも流用前に目的物につき法律上の利害関係を有するに至った第三者に対しては無効であるが流用後に上記利害関係を有するに至った第三者に対しては有効であるとするのが判例通説です（最判昭49・12・24民集28・

10・2117)。

2 根抵当権の場合

1 総　説

　根抵当権も抵当権の一種であり，不動産物権ですから，根抵当権設定登記をもって第三者に対する対抗要件とします（民177，不動産登記法1）。登記すべき事項は，物権変動の登記一般に要求される(i)「登記原因及ヒ其日附」(不動産登記法36Ⅰ④)。根抵当権は，普通抵当権と異なり被担保債権の存在を設定の要件としませんので，根抵当権設定契約とその日付のみで足ります）のほか，(ii)被担保債権の範囲（被担保債権適格）を意味する「担保スベキ債権ノ範囲」，(iii)極度額を意味する「極度額」，(iv)元本確定期日を定めたときはその日付等です（不動産登記法117Ⅱ）。

2 根抵当権設定登記の記載例とその説明

　次に示す登記記載例は，根抵当権設定登記についてのものであり，前者（新様式）はコンピューター化された登記所のもの・後者（旧様式）はコンピューター化される以前の登記所のものですが，内容的には差異がありません。

(1) 記載例

図11　根抵当権設定登記
（新様式）

根抵当権設定	平成何年何月何日第何号	平成何年何月何日設定	極度額　金1,200万円 債権の範囲　信用金庫取引 　　手形債権 　　小切手債権 債務者　○○市西勝山12番7号 　　　　株　式　会　社　○　○　産　業 根抵当権者　○○市国分町三丁目1番2号 　　　　○　○　信　用　金　庫 　　　（取扱店　木町通支店） 共同担保目録㈹第9195号

3 抵当権

(旧様式)

```
根抵当権設定
平成何年何月何日受付
第何号
原因　平成何年何月何日
　　　設定
極度額　金壱千弐百万円
債権の範囲　信用金庫取引
　　　　　　手形債権
　　　　　　小切手債権
　　　　　　保証委託取引
債務者　○○市西勝山
　　　　一二番七号
　　　　株式会社○○産業
根抵当権者　○○市国分町
　　　　　　三丁目一番二号
　　　　　　○○信用金庫
　　　　　　(取扱店　木町通支店)
共同担保目録(な)第九壱九五号
```

(2) 説　明

(1) 前記載例のうち，見出しに「根抵当権設定」とあるのは根抵当権の設定登記であることを示したものです。

(2) 次に「平成何年何月何日第何号」等とあるのは，当該登記所に登記申請がなされた年月日と受付番号を表わしたものです。

(3) 次に「原因　平成何年何月何日設定」等とあるのは，根抵当権は前述のように被担保債権の存在をその成立要件としませんので，根抵当権設定契約の締結とその日付のみが登記原因となるからです。

(4) 次に「極度額　金1,200万円」等とあるのは，当該根抵当権の極度額を表わしたもので，元本のほか利息・損害金もこの極度額の限度で根抵当権の効力が及ぶことになります。

(5) 次に「債権の範囲　信用金庫取引　手形債権　小切手債権」とあるのは，当該根抵当権により担保される債権の範囲を表わしたものであり，かつ「信用金庫取引　手形債権　小切手債権」とは前述した抽象的決定基準であってこの基準に合致する具体的な債権のみがこの根抵当権により担保される資格があることになります。なお，最判平5・1・19民集47巻1号41頁によれば，被担保債権の範囲を「信用金庫取引による債権」として設定された根抵当権の被担保債権には，信用金庫の根抵当債務者に対する保証債権も含まれる，とされています。

(6) 次に「債務者　○○市西勝山12番7号　株式会社○○産業」等とあるのは，当該被担保債権の債務者を表示したものです。債務者と所有者（根抵当権設定者）とは同一であることが通例ですが，異なるときは当該所有者（根抵当権設定者）は物上保証人となります。

(7) 最後に「根抵当権者　○○市国分町三丁目1番2号　○○信用金庫」等とあるのは，登記権利者たる根抵当権者が誰であるかを明らかにしたものです。

Ⅳ　効力の及ぶ範囲

1　被担保債権の範囲

1　普通抵当権の場合

普通抵当権によって担保される債権の範囲は，質権のそれが網羅的である（民346）のと異なり，利息その他の定期金および遅延賠償等について，最後の2年分に制限されています（民374）。これは，普通抵当権の目的たる不動産にあっては，後順位の抵当権が設定されたり一般債権者が差し押えたりする事例が多いことから，既存の抵当権によって担保される債権額が予想外に多額になることを防止し，もって抵当不動産の取引の円滑化を図ろうとしたものです。以下具体的に説明します。

(1) 元　本　　元本の範囲については，これを制限する規定がないので，登記された債権額（不動産登記法117）の範囲で，優先弁済権を後順位担保権者や一般差押債権者などの第三者に対抗することができます。

(2) 利　息

イ　利息の約定は，前述のように登記事項です（不動産登記法117Ⅰ）から，その約定につき登記がなされない限り，その約定利率（法定利率はこの限りでない）をもって後順位担保権者や一般差押債権者などの第三者に対抗することができません（民177）。

ロ　登記がある場合については，民法にその範囲につき特則があります（民374）。すなわち利息について利率が登記されていても，延滞されている利息総額は登記からは推測することはできず，予想外に多額になっ

図12　2年を超える利息損害金と他の債権との優劣

2年を超える分		
	＜	後順位担保権者
	＝	一般差押債権者
	＞	債務者・設定者・第三取得者

ていることもありうるから，「満期となった最後の2年分についてのみ」後順位担保権者または一般差押債権者（配当要求債権者も含む）などの第三者に対抗することができます（民374Ⅰ本文）。したがって，その超過部分は，後順位担保権者との関係では劣後し，一般差押債権者との関係では平等になります（上掲図12のとおり）。この「2年分」は，競売における配当実施日を基準として逆算します。

　ただし，民法374条1項は，上に述べたように，「他の債権者」の利益を目的とするものですから，被担保債権の債務者・抵当権設定者・抵当不動産の第三取得者のように「他の債権者といえない者」に対してはその制限は及ばず，これらの者に対しては2年分以上でも抵当権の効力が及ぶと考えられます。

　ハ　最後の2年分以前の利息であっても，その満期後に「特別ノ登記」をしたときは，例外的に，その「登記ノ時」からそれについても抵当権を行うことができます（民374Ⅰ但書，不動産登記法117Ⅰ）。この場合は他の債権者に不測の損害を与えることがないからです。

　(3)　定期金　　終身定期金（民689）・有期年金・定期の扶助料・地代・家賃など利息以外の定期金を請求する債権について抵当権が設定された場合には，利息と全く同様に取り扱われます（民374Ⅰ）。

　(4)　遅延損害金

　イ　遅延損害金とは，金銭を目的とする債務の不履行によって生ずる損害賠償のことです（民419）が，その額に関する約定は，前述のように登記事項となっています（不動産登記法117Ⅰ）から，その約定につき登記がなされない限り，その額をもって後順位担保権者や一般差押債権者などの第三者に対することができません（民177）。ただし，法定利率による場合および利息の約定利率が登記されている場合（民419Ⅰ参照）は，特に

IV 効力の及ぶ範囲

約定損害金の登記がなくとも上記法定利率ないし約定利率については第三者に対抗することができるとされます。

ロ 遅延損害金の利率につき登記されている場合でも,「最後ノ2年分」に限定されること,ただし「特別ノ登記」による例外があることは,約定利息の場合と同様です(民374Ⅱ本文)。利息または定期金もあるときは,これらと通じて2年分を超えることができません(民374Ⅱ但書)。この場合の充当の順序は,民法491条により,損害金・利息・定期金の順になります。

2 根抵当権の場合

(1) 原 則(民398ノ3Ⅰ)　根抵当権者は,先に述べた被担保債権適格を有する債権(登記された「債権の範囲」に合致する債権)のうちの確定した元本・その利息および遅延損害金の全部につき極度額を限度として根抵当権を行うことができる(民398ノ3Ⅰ)のが原則です。すなわち,根抵当権者は,元本については確定の生ずる時期に存在するものに限り,利息損害金については確定の前後を問わず全額につき,それぞれ根抵当を行使することができます。これは,普通抵当権の場合は,後順位担保権者・一般差押債権者等の保護のために,何年分累積するかわからない利息・損害金については優先弁済権を行使できるのは通じて最後の2年分と限定されていますが(民374),根抵当権の場合は,最初からその限度額たる極度額が定められています(民398ノ2Ⅰ参照)ので,後順位担保権者等は最初からその分だけの覚悟をすべきであり,利息損害金につき普通抵当権のような限定をする必要がない(したがって何年分でもよい)と考えられるからです。この場合,極度額を超える債権は,民法374条のように第三者に対抗できないのではなく,無担保債権と考えるべきでしょう(最判昭48・10・4判時723・42)。

(2) 例 外(民398ノ3Ⅱ)　ただし,債務者との取引によらないで取得する手形または小切手上の請求権(いわゆる回り手形によるもの)については,次のような制限があります。

イ 債務者が支払を停止した場合,または債務者について破産(破産法126)・再生手続開始(民事再生法34以下)・更生手続開始(会社更生法30以

下)・整理開始(商381以下)・特別清算開始(商431以下)の各申立てがあった場合には,原則としてその前に取得した手形・小切手に限り,その後に取得したものは,その事実を知らずに取得したものについてだけ,根抵当権を行うことができます(民398ノ3 II前段)。これは,前記のように債務者の信用状態が悪化した場合には,根抵当権者が手形・小切手を廉価に第三者から買い受けそれを根抵当権により回収するという弊害が想定されることから,これらの手形・小切手請求権は原則として被担保債権にならないとしたものです。

ロ　同様の理由から,根抵当権の設定されている不動産に対して強制競売の申立て(民執法45)・担保権の実行としての競売の申立て(民執法188)・滞納処分による差押え(国税徴収法47・68等)があった場合にも,原則として,その前に取得した手形・小切手に限り,その後に取得したものは,その事実を知らずに取得したものだけについて,根抵当権を行うことができます(民398ノ3 II後段)。

2　抵当権の効力が及ぶ目的物の範囲

抵当権の効力の及ぶ目的物の範囲は,普通抵当権と根抵当権とで違いはありません。その範囲は目的物の所有権の及ぶ範囲と一致するのを原則としますが,民法は,これに若干の修正を加えています。

1　付加物 (民370)

イ　意　義　民法370条により抵当権の効力が及ぶとされている「附加シテ之ト一体ヲ成シタル物」(これは「付加物」と略称される)の意義はあまり明確でありません。民法の他の制度でこれに類似したものとしては,不動産の付合物(民242)と従物(民87)とがあります。このうち前者(付合物)が付加物に含まれることは判例学説上争いがありませんが,後者(従物)が付加物に含まれるかについては争いがあります。これを否定する考え方(例えば大判大8・3・15民録25・473)は,主物たる不動産と別個独立の存在を有し主物の所有権に吸収されない従物が,当然に抵当権の客体となる付加物に含まれるとする実定法上の根拠はなく,従物が

主物につき設定された抵当権の客体となるか否かはもっぱら民法87条2項によって決せられるべきであり，したがって，上記抵当権の設定当時に存在した従物は別段の定めなき限り抵当権の客体となるが，設定後に付属させられた従物は客体とならないとします。しかし，(i)抵当不動産に付属しその経済的作用を助ける従物について，抵当権の効力の及ぶ範囲を抵当権設定当時に存在するものに限ることは，目的物の占有を設定者に留め，設定者がこれを利用してその効用を発揮しうる状態におきながらその価値を把握する抵当制度の理想からして望ましくないこと等の理由から，民法370条にいう付加物には従物も含むと解すべきでしょう（大判昭9・7・2民集13・1489。最判昭44・3・28民集23・3・699も同趣旨か)。

　ロ　**不動産の付合物**　不動産の上の抵当権の効力は，前述のとおり，不動産の従として之に付合したる物（民242本文）にも及びます。例えば，土地につき抵当権が設定されたときはその上に生立する立木にも原則としてその効力が及びます。この場合，付合する時期が抵当権設定の前でも後でも差異はありません。

　ただし，上にいう付合物であっても，次の物には抵当権の効力が及びません。

　①　他人が権原により付属させた物（民242但書）。これは，当該不動産に吸収されないからです。

　②　抵当権設定行為で特に抵当権の目的物から除外した物（民370但書前段）。これは当事者の意思を尊重するためです。ただし登記がなければその除外物に抵当権の効力が及ばないことを第三者に対抗することができません（不動産登記法117Ⅰ）。

　③　抵当権設定者が自己の一般財産を減少させ，他の債権者が十分弁済を受けることができなくなることを知りながら，目的不動産に付合せしめた物。ただし，抵当権者も悪意であることを要する（民370但書後段）。これは債権者取消権（民424）と同様の考慮に基づくものですが，付合行為は事実行為ですから，債権者の取消その他の行為を必要とせずに抵当権の効力が及ばないことを主張できます。

　ハ　**不動産の従物**　主物たる不動産の上の抵当権の効力は，前記イに

述べたとおり，その従物に及びます。従物となった時期が抵当権設定の前であるときのみならず後でも差し支えありません。この従物は，従物である以上，動産（例えば建物に付属せしめられた畳）でも，不動産（例えば主たる建物に付属せしめられた物置）でも，さらには従たる権利たる敷地の賃借権その他の利用権でも差し支えないことは当然であり，また，従物に抵当権の効力が及んでいることの対抗要件としては，主物についての抵当権の効力が従物にも及ぶと解する以上，主物たる不動産についての抵当権設定登記で十分であって他の特別の公示方法を要しません（最判昭44・3・28民集23・3・699）。

ニ 抵当不動産から分離した付加物　　民法370条にいう付加物が抵当不動産から分離した場合にも，抵当権の効力が及ぶかについては問題があります。

まず付加物が付合物である場合，例えば抵当地上の山林が伐採された場合あるいは抵当家屋が崩壊して木材となった場合に，抵当権はその伐木あるいは木材にも及ぶでしょうか。これにつき判例は，伐木については土地抵当権の効力が及ぶことを前提として，抵当権に基づく物上請求権として伐木の搬出禁止請求をなしうるとし（大判昭6・10・21民集10・913，大判昭7・4・20新聞3407・15），これに対し崩壊木材には建物抵当権の効力が及ばないことを前提として，その優先弁済権を否定しています（大判大5・6・28民録22・1281）。その根拠はあまり明確でありませんが，伐木については，それが抵当地上にある限り，登記により公示されているといえるから，土地抵当権の効力が及んでおり，これに反し崩壊木材については，本体たる建物が既に崩壊しているのであるから，公示方法たる登記は空虚なものと化していて崩壊木材には建物抵当権の効力が及ばない，と考えられます。

また付加物が従物である場合も，付合物の場合と同様に，従物が主物との間に従物と認められるだけの場所的関係が存在する限りは，従物に抵当権の効力が及んでいると考えられます。

2　果　実（民371）

イ　適用範囲　　果実には，物の用法に従い収取する産出物たる天然

果実と，物の使用の対価として受くべき金銭（例えば賃料）たる法定果実とがあります（民88）。抵当権と果実とに関する民法371条の規定は，抵当権と付加物に関する民法370条の規定をその前提としていますので，民法371条は，付加物たる性質を有する天然果実にのみその適用があり，その性質を有しない法定果実にはその適用がありません（大判大2・6・21民録19・481，同大6・1・27民録23・97）。なお，法定果実に対しては，次に述べるとおり抵当権者に物上代位権が認められています（民372・304）。

ロ **天然果実**　天然果実は，その元物に付着する間は，通常，主物の付加物とみるべきものですが，抵当権は目的物の用益権能を設定者の許に止めておくことをその本質としますから，民法は，付加物の規定に対する例外として，抵当権の効力は原則として天然果実の上に及ばないものとしています（民371Ⅰ本文）。

ただし，抵当権実行の着手ありとみられる時点，すなわち(i)抵当不動産の差押えがあったとき，または(ii)抵当不動産の第三取得者が民法381条の通知を受けたとき（この場合には，その後1年内に抵当不動産が差し押えられることを要件とします）は，それ以降の天然果実は，抵当権の効力に服し，買受人に帰属します（民371Ⅰ但書Ⅱ）。これは，抵当不動産の所有者は抵当権の設定によってその用益権能を失わないのが原則だとしても，抵当権が既に活動を開始した以上，その後の用益権能をも含めた目的物の交換価値をもって抵当権の内容とするのが妥当と考えたことによるものです。

図13　天然果実に対する抵当権の効力

```
      ┌ 差押前―果実に及ばない
      │
      └ 差押後―果実に及ぶ
```

3　目的物に代わる請求権（民372・304 ── 物上代位）

抵当権に物上代位性があることは既に述べたとおりです。以下，このことを前提として説明します。なお，物上代位権行使の手続については，

後述します（56頁以下参照）。

　イ　**物上代位の客体**　物上代位の客体となるのは，目的物所有者（債務者とは限らない）が有する次の債権です（民372・304Ⅰ本文Ⅱ）。

　①　**売却代金債権**　抵当不動産の売却代金は，いわば抵当不動産の交換価値の具体化したものです。この場合，抵当権の登記がなされていれば，抵当権をもって抵当不動産の第三取得者に対抗できますから，抵当権者は，目的不動産について抵当権を実行することと物上代位権を行使することのいずれをも選択することができます。そして，抵当権者がそのいずれか一方を選択したときは，以後他方を選択することはできなくなり，たとい抵当権の被担保債権全額につき満足を得られない場合でも抵当権は消滅し，被担保債権は無担保債権となります（最判昭45・7・16民集24・7・965参照）。

　②　**賃料債権**　抵当不動産の賃料は抵当不動産の法定果実（民88Ⅱ）であり，これは，交換価値のなし崩し的な具体化とみることができるからです。

　③　**抵当不動産の上に設定したる物権の対価（民304Ⅱ）**　抵当権設定者が抵当不動産の上に地上権または永小作権を設定した場合の対価（地代・永小作料）で，その趣旨は②の賃料と全く同様です。

　④　**抵当不動産の滅失または毀損によって受くべき金銭その他の物**　滅失または毀損により抵当不動産の所有者が第三者に対して損害賠償請求権または損害保険金請求権を取得したときは，抵当不動産の交換価値の具現化物たるこれらの物も物上代位の客体となります。公用収用の補償金請求権（土地収用法104）も同様に解されます。

　ロ　**物上代位権行使の要件**　抵当権者が物上代位権を行使するためには，金銭その他の物が目的物所有者に払渡しまたは引渡しされる前に，抵当権者において差押えをすることが必要です（民372・304Ⅰ但書）。これは，金銭その他の物が抵当不動産所有者の一般財産に混入するのを防ぎ特定しておくとともに，払い渡される金銭その他の物につき抵当権者が優先弁済権を行使することを公示するためです（最判昭59・2・2民集38・3・431）。

　①　差押えは，抵当権者が他の債権者に先立ってみずからこれをする

ことを要します（大判大12・4・7民集2・209）。これは，差押えが優先弁済権の公示の意味があるからです。

② 差押えは，抵当権者が債務名義を得てこれを行ってもまた仮差押としてこれを行ってもよい（最判昭45・7・16民集24・7・965）が，債務名義がなくともこれを行うことができます（大判昭13・5・5民集17・842）。本来の抵当権の実行には債務名義を要しないのですから当然のことです。

③ 差押えの方法は，債務名義を得ずにこれを行う場合には，抵当権者は，抵当権の存在を証明する文書を提出して，裁判所から債権差押命令または転付命令等の発付を受けることができます。

ハ　物上代位権行使の手続　　この詳細は後述のⅤ「2　抵当権の実行」「3　物上代位権の行使」において説明します。

Ⅴ　抵当権の効力 ―― 優先弁済的効力

1　総　説

抵当権者は，目的物につき他の債権者に先立って自己の債権の弁済を受けることができます（民369Ⅰ）。これを優先弁済的効力といい，抵当権の本体的効力をなすものです。抵当権者がこの権利を行使することができる要件としては，被担保債権につき履行遅滞（民413・415）の生ずることが前提となります。この優先弁済的効力は，通常，①抵当権者が自ら競売を申し立てる方法（抵当権の実行）により具体化しますが，そのほかに，②目的不動産につき他の一般債権者または担保権者が競売を申し立てた場合に，競売による抵当権消滅（消除主義―民執法59条）のいわば対価として，競売の売却代金から順位に応じた配当を受ける（民執法87条）方法があります。

2　抵当権の実行

1　抵当権実行の要件

抵当権者が積極的にその優先弁済的効力を実現するために認められる

3 抵当権

方法は，民事執行法に基づき抵当不動産を競売に付し，その売却代金から優先的に弁済を受ける方法（抵当権の実行）です（民執法181条以下）。抵当権の実行ができるためには，実質的要件と形式的要件の各具備が必要です。

イ　実質的要件　　抵当権実行の実質的要件としては，先にも述べたとおり，①被担保債権および抵当権が存在すること，②被担保債権が履行遅滞に陥っていることが，それぞれ必要です。抵当権が普通抵当権であるときは，上記①②のみが実質的要件ですが，根抵当権であるときは，その根抵当権が確定することが前提となります。すなわち，根抵当権の確定とは，ある元本債権が当該根抵当権により担保されることが特定することであり，確定事由には，元本確定期日の到来（民398ノ6）・元本の確定請求（民398ノ19）・取引の終了その他の事由により担保すべき元本が生じないこととなったとき（民398ノ20Ⅰ①），根抵当権者が抵当不動産につき競売または物上代位による差押えを申し立てたとき（民398ノ20Ⅰ②），第三者が抵当不動産につき競売手続等を開始したことを根抵当権者が知ったとき（民398ノ20Ⅰ④），債務者または根抵当権設定者が破産宣告を受けたとき（民398ノ20Ⅰ⑤）等があります。

ロ　形式的要件　　次に，抵当権実行の形式的要件としては，①競売申立てに際し，抵当権の存在を証する確定判決等の謄本・抵当権の存在を証する公正証書の謄本・抵当権登記（仮登記を除く）がされている登記簿謄本のいずれかを執行裁判所に提出すること（民執法181条1項。競売実例のほとんどは抵当権設定登記の登記簿謄本によるものです），②抵当不動産につき所有権・地上権または永小作権を取得したいわゆる第三取得者（民378参照）がいる場合にはその者に抵当権実行の通知をなすこと（民381），③第三取得者が右通知を受けた後1か月内に第三取得者から債務の弁済または滌除（てきじょ）の通知を受けないこと（民387）が，それぞれ必要です。

前記①の要件は，競売手続の開始要件の厳格化の要請から，民事執行法が申立てに関する提出文書を法定化したことによるものです。

また前記②③の要件に関し，第三取得者が本登記を有する場合に通知が必要であることはもちろんですが，仮登記を有するにすぎない場合で

V 抵当権の効力 —— 優先弁済的効力

も,この通知は単に滌除権行使の機会を与えるにすぎないとして,仮登記権利者も全て通知を要する第三取得者に含まれるとするのが競売実務の扱いです。

ハ 競売申立てができる目的物の範囲　抵当権者が競売申立てをすることができる目的物の範囲は,前述した抵当権の効力が及ぶ範囲に限られるのが原則ですが,抵当土地上に設定者が抵当権設定後に建物を新築したときは,建物が抵当権の目的物でないにもかかわらず,土地とともにこれを競売することができます(民389本文)。これは,抵当土地はその地上建物と一緒でないと競売が困難であることを考慮して設けられた規定です。ただし,土地の抵当権は地上建物には及びません(民370参照)から,優先弁済権は土地の競売代価についてだけ行うことができます(民389但書)。

2 抵当権の実行手続

(1) 申立て　抵当権の実行としての不動産競売申立ては,前記1の要件を満たした抵当権者が,申立書に必要書類を添付して執行裁判所に対して行います(民執181条)。

次に申立書の例を示して説明します(図13参照)。この申立ては,根抵当権者たる○○信用金庫が行ったものです。同金庫が根抵当権を有することを証明する書類は申立書に添付された登記簿謄本であり,根抵当権の内容は,極度額が金3,000万円(物件(1)(2)),金1,000万円(物件(3)(4))で,債権の範囲がいずれも「信用金庫取引・手形債権・小切手債権」です。

根抵当権であってもその実行の申立てをすることができるためには前記債権の範囲に属する被担保債権が履行遅滞に陥ることが必要ですが,債権者たる根抵当権者において当該債権が履行遅滞に陥ったことを積極的に立証する必要はなく,逆に相手たる債務者(所有者)において履行遅滞に陥っていないことが競売開始決定に対する執行異議(民執法182)の事由になるにすぎないと考えられます。

前記申立てを受けた執行裁判所は,これを適法と認めたときは,次に述べる差押えを行うことになりますが,目的物が不動産ですので,現象

図14 不動産競売申立書

```
              不 動 産 競 売 申 立 書           ┌──┐
                                              │印│
 ○○地方裁判所　御中                           │  │
                                              │紙│
                                              └──┘
 平成○年○月○日


                    債　権　者　　○○○信用金庫
                    代　表　者　　代表理事　山　本　大　助
                    上記代理人　　原　山　　　宏


                    当　事　者　　別紙目録のとおり


                    担　保　権　⎫
                    被担保債権　⎬　別紙目録のとおり
                    請　求　債　権　⎭


                    目的不動産　　別紙目録のとおり
```

　債権者は債務者に対し，別紙請求債権目録記載の債権を有するが，債務者がその弁済をしないので，別紙担保権目録記載の根抵当権に基づき，別紙物件目録記載の不動産の競売を求める。

　　　　　　　　　　　　添　付　書　類

　　1．不動産登記簿謄本　　3　通
　　2．公　課　証　明　書　　1　通
　　3．資　格　証　明　書　　1　通

1

Ⅴ　抵当権の効力 ── 優先弁済的効力

当　事　者　目　録

〒145-0067　東京都大田区雪谷大塚町○番○号

　　　　　　債　権　者　　○　○　信　用　金　庫

　　　　　　代　表　者　　代表理事　山　本　大　助

〒145-0067　東京都大田区雪谷大塚町○番○号

　　　　　　○○信用金庫内

　　　　　　債権者代理人　荏　原　信　昭

　　　　　　電話　03（3720）5124

〒211-0053　川崎市中原区上小田中○丁目○番○号

　　　　　　（不動産登記簿上の住所）

　　　　　　川崎市中原区上小田中○○番地

　　　　　　債　務　者　兼

　　　　　　所　有　者　　大　内　一　郎

2

3 抵当権

担保権・被担保債権・請求債権目録

1．担　保　権
 (1) その1
  ア．昭和61年4月24日設定の根抵当権（物件(1)・(2)）
    極　度　額　　3,000万円
    債権の範囲　　信用金庫取引・手形債権・小切手債権
  イ．登　記　　横浜地方法務局　港北出張所
         昭和61年4月24日受付第○○○○号
 (2) その2
  ア．昭和61年7月5日設定の根抵当権（物件(3)・(4)）
    極　度　額　　1,000万円
    債権の範囲　　信用金庫取引・手形債権・小切手債権
  イ．登　記　　横浜地方法務局　神奈川出張所
         昭和61年7月5日受付第○○○○号

2．被担保債権及び請求債権
  下記請求債権の物件(1)・(2)につき極度額3,000万円，物件(3)・(4)につき極度額1,000万円の範囲内。
 (1) 元　金　　25,000,000円
    但し，昭和61年4月26日付金銭消費貸借契約に基づく貸付金。
 (2) 利　息　　702,733円
    但し，上記(1)の貸付金に関する弁済約定により平成7年12月26日から平成8年8月9日までの間，各月に支払われるべき利息金。
    （明細は別紙1－1記載の通り）
 (3) 損害金
    但し，上記(1)の貸付金元金25,000,000円に対する平成8年8月10日から支払済みに至るまで年18.25％（年365日の日割計算）の割合による遅延損害金。

〈以下　略〉

3

物　件　目　録

(1) 所　　在　　横浜市港北区師岡町字○○○○
　　地　　番　　477番13
　　地　　目　　宅　地
　　地　　積　　141.52㎡

(2) 所　　在　　横浜市港北区師岡町字○○○○477番地13
　　家屋番号　　477番13
　　種　　類　　店舗・共同住宅
　　構　　造　　木造亜鉛メッキ鋼板葺2階建
　　床 面 積　　1階　62.10㎡
　　　　　　　　2階　58.38㎡

　　　　　　　　　　　　　以上　所有者　大内　一郎

(3) 所　　在　　横浜市鶴見区○○町
　　地　　番　　255番2
　　地　　目　　宅　地
　　地　　積　　281.15㎡

　　　　　　　　所有者　大内　一郎　持分1000分の34

3 抵当権

図15 不動産競売開始決定

| 事件番号 | 平成12年（ケ）第15××号 |

不動産競売開始決定

　　　　　　　当　事　者　　別紙目録のとおり
　　　　　　　担　保　権　⎫
　　　　　　　被担保債権　⎬　別紙目録のとおり
　　　　　　　請　求　債　権　⎭

　債権者の申立てにより，上記請求債権の弁済に充てるため，別紙担保権目録記載の抵当権に基づき，別紙物件目録記載の不動産について，担保権の実行としての競売手続を開始し，債権者のためにこれを差し押さえる。
　　　平成12年11月25日
　　　　　　○○地方裁判所
　　　　　　裁　判　官　　則　山　定　夫

決定の日に決定正本を普通郵便
により債権者に送付して告知
　　　　　裁判所書記官　真　山　　誠

債権者が提出した民事執行法181条1項から3項までに規定する文書の目録
　　○　上記抵当権の登記のされている登記簿の謄本

V　抵当権の効力 ── 優先弁済的効力

的には執行裁判所による不動産競売開始決定と差押登記ということになります。

(2)　**差押え**　抵当権者から不動産競売の申立てを受けた執行裁判所が，その申立てを適法と認めたときは，目的物の差押えの意味を有する不動産競売開始決定を行います（図15）。

この書式のうち，事件番号として平成12年(ケ)第15××号と記載されていますが，(ケ)とは不動産に対する担保権実行事件であることであり（類似した事件として(ヌ)が付せられる事件がありますが，これは，担保権を有しない一般債権者が強制執行として不動産を競売しようとする場合で，強制競売事件と呼ばれています），本件は，このような担保権実行事件で○○地方裁判所における平成12年の15××番目であることを意味します。

この決定がなされますと，執行裁判所は，目的不動産を管轄する登記所（法務局または地方法務局）へ差押登記の嘱託を行い，その結果として，登記簿に図15のような差押登記がなされることになります。

(3)　**売却**　上記差押登記がなされると，執行裁判所は，所有者に代わって目的不動産を売却する準備に入ります。この売却は，競売と称されることもありますが，執行裁判所は売却手続の適正さを保つため，(i)執行官をして目的不動産の現況を報告させ（現況調査報告書─図17），(ii)不動産鑑定士等の資格を有する評価人をして目的不動産を評価させ（こ

図16　差押登記

差押

平成一二年×月×日受付第○○○
号
原因　○○地方裁判所不動産競売手続開始決定
債権者　東京都大田区雪ヶ谷大塚町○番○号目×第×号
○○○信用金庫

3 抵当権

図17 現況調査報告書

平成12年（ケ）第15××号			横浜地方裁判所
提出日		現況調査報告書	執行官
平成12年 ○月 23日			保田 剛史

受命物件の表示		別紙物件目録記載のとおり

<table>
<tr><td rowspan="6">土地（物件番号）(1)</td><td>形　　状</td><td>別紙図面（8 枚目）記載のとおり</td></tr>
<tr><td>現況地目</td><td>⦿宅地　　田　　畑　　山林　　原野</td></tr>
<tr><td>執行官保管の仮処分</td><td>⦿無｜有　保管開始日　昭和/平成　年　月　日
仮処分命令事件　横浜地方裁判所　　支部　昭和/平成　年（　）第　号</td></tr>
<tr><td>占有者，占有の状況及び地上建物の所有者</td><td>（小川　潔　　　）が下記建物を本件土地上に所有して占有している（占有関係　　枚目）
下記建物以外の地上建物は，ある（　　枚目）
⦿ない</td></tr>
</table>

<table>
<tr><td rowspan="8">建物（物件番号）(2)</td><td>種　　類</td><td>居宅　⦿店舗　⦿共同住宅　工場　倉庫</td></tr>
<tr><td>構　　造</td><td>木造　亜鉛メッキ鋼板ぶき　2階建</td></tr>
<tr><td>床面積の概略</td><td>登記簿とほぼ同一</td></tr>
<tr><td>執行官保管の仮処分</td><td>⦿無｜有　保管開始日　昭和/平成　年　月　日
仮処分命令事件　横浜地方裁判所　　支部　昭和/平成　年（　）第　号</td></tr>
<tr><td>占　有　者</td><td>債務者　⦿所有者　⦿それ以外　（占有関係　34　枚目）</td></tr>
<tr><td>占有の状況</td><td>2階南側約6坪を事務所及2階中央和室6帖バストイレを居宅として所有者が使用しての全の部分を㈱升本外1名が事務所店舗として使用している</td></tr>
<tr><td>上記敷地の所有者</td><td>⦿建物所有者
それ以外</td></tr>
<tr><td>建物所有者の上記敷地の占有権原</td><td>枚目</td></tr>
</table>

上記土地以外の建物の敷地	有（　　枚目）	⦿無
	（　／　枚目）	（土地及び建物用）

〈以下，略〉

Ⅴ 抵当権の効力 ── 優先弁済的効力

図18 評価書

○○地方裁判所

　　　　　　　　　　　平成12年（ケ）第15××号

　　　　不動産所有者　大　内　一　郎

評　価　書

　　　　平成 9 年 2 月 5 日
　　　　　評価人　厳　山　　定

物　件　(2)		
所　　在	同　所　477番地13	
家 屋 番 号	477番13	
種　　類	店舗・共同住宅	
構　　造	木造　亜鉛メッキ　鋼板葺　2階建	
床 面 積	1 階　62.10m²	
	2 階　58.38m²	
	延　120.48m²	
現　　状		
同　　上		
評 価 額	金　26,400,000円	
評価額合計	金　38,780,000円	

3 抵当権

評価額決定の理由

位置及び交通
　　受命物件は東急東横線「大倉山」駅の北東方約1.3km（道路距離）に位置する。バス停「○○○」へ徒歩約1分。

付近の状況
　　付近は幹線市道（環状2号線）沿いにあって，店舗・営業所・マンション等が混在する地域。

公法上の規制
　　準住居地域　　建ぺい率　60％　容積率　200％　準防火地域

物件の状況
　○物　件(1)土　地
　　イ．現　況
　　　　接面道路　　南東側幅約22m　市道
　　　　形　状　　　略台形（地積測量図参照）
　　　　　　　　　　間口約10m　奥行約17m
　　　　地　勢　　　平　坦
　　　　高　低　　　路面とほぼ等高
　　　　地　積　　　公簿と同じ
　　ロ．利用の状況
　　　　物件(2)建物の敷地。

　○物　件(2)建　物
　　イ．現　況
　　　　経過年数　　約12年（昭和60年6月地築）
　　　　残存耐用年数　約10年
　　　　構　造　　　木造　亜鉛メッキ　鋼板葺　2階建
　　　　床面積　　　延　120.48㎡
　　　　基　礎　　　布コンクリート

〈以下略〉

Ⅴ 抵当権の効力 ── 優先弁済的効力

図19 物件明細書

| | 裁判官 | ㊞ |

物 件 明 細 書 ②

○○地方裁判所 平成12年（ケ）第15××号	平成 １２年 ○月 ８日作 成
１．不 動 産 の 表 示	別紙目録記載のとおり
（物件番号　3　）	（物件番号　4　）
２．不動産に係る権利の取得及び仮処分の執行で売却により効力を失わないもの	
賃借権　な　し	賃 借 権
範　囲	範　囲　全部
賃 借 人	賃借人　美山　清
期　限	期　限　平成11年８月29日
借　賃	借　賃　１か月10万5000円
借賃前払	借賃前払　な　し
敷　金	敷　金　（保証金）100万円
特　約	特　約　保証金（３年で15％償却する）返還義務あり
	・期限後の更新は，買受人に対抗できる。
３．売却により設定されたものとみなされる地上権の概要	
な　し（物件３及び４一括売却）	
備　　　　　　　　考	
	下記事項追記 　管理費滞納あり 　　平成12年○月18日 　　　　裁判官　㊞

3 抵当権

図20 売却許可決定

```
                              事件番号平成12年（ケ）第15××号

            売　却　許　可　決　定

    住　　所　　○○市鶴見区東寺尾四丁目○番○号

    氏　　名　　松田乾人


        上記の者は，別紙物件目録記載の不動産について
                 金37,477,777円
    の額で最高価買受けの申出をしたので，売却を許可する。


    平成12年○月10日
        ○○地方裁判所
            裁　判　官　　則　山　定　夫　㊞


                ┌─────────────┐
                │ 本件売却決定正本を　　　│
                │ 決定の日に掲示済み　　　│
                │ 裁判所書記官　　　㊞　　│
                └─────────────┘
```

の命を受けて評価人の作成提出した書面が評価書—図18)たうえ，(iii)執行裁判所が自ら物件明細書（図19）を作成し，最低売却価額（この金額以下では買受けを許さない金額）を決定して，新聞紙上等に売却公告をなし（4頁の図2参照），目的不動産を第三者に売却します(売却許可決定—図20)。この売却許可決定が確定し代金が裁判所に納付されますと目的不動産の所

有権が第三者に移転します（民執法79条）。

(4) **配　当**　前記(3)の次第で売却代金が裁判所（国庫）に納付されますと，目的不動産の債権者に上記代金が配当される手続に入ります。債権者が申立人たる抵当権者のみであるときは納入代金額から競売手続費用を差し引いた残額全部が抵当権者に交付されますが，先順位又は後順位の担保権・国税債権・地方税債権等の他の債権者がいるときは，それぞれの優先順位に従って配当されることになります。最も例の多い場合について説明しますと，抵当権者相互間の順位は対抗要件たる抵当権設定登記の順序により（民法177条），抵当権と国税債権等との順位は抵当権設定登記と法定納期限等との順序によります（国税徴収法16条，地方税法14条の10等）。

配当に関する具体的な手続は，まず執行裁判所が各債権者から，債権届出書の提出を受け，これに基づいて図21のような配当表を作成し，異議がなければ同表に基づく配当を実施して，手続を終了します。

前記事例の場合，根抵当権者○○信用金庫が申立人となって競売が実施され，他の債権者として地方税債権を有する○○市が交付要求をしたが，根抵当権の方が順位が先であったため，競売手続費用を差し引いた全額が根抵当権者たる○○信用金庫に配当されるに至ったものです。

3　物上代位権の行使

(1) **総　説**　抵当権者が優先弁済的効力を行使する主たる場面は，前記2で述べた手続により目的不動産を競売に付する方法ですが，抵当権には物上代位性がありますので，抵当権者はこの物上代位権を行使することもできます。

すなわち物上代位性とは，抵当権の目的物が売却されて代金に変わり，賃貸されて賃料を生じ，滅失・毀損によって保険金等に変わった場合は，その代金・賃料・保険金等の上に抵当権の効力が及ぶという性質です（民372・304）。この性質を厳密にいうと，その客体となるのは，抵当不動産の所有者（通常は抵当権設定者）が第三者（買受人・賃借人・保険会社等）に対して有する売却代金債権・賃料債権・保険金支払請求権等の「金銭その他の給付を求める債権」です。

3 抵当権

図21

平成12年○月22日 ○○地方裁判所 裁判官　則山定夫	平成12年（ケ）第15××号 配　　　　当		
債　権　者	債　権　の　種　類	費用 （円）	利　　息 （円）
人	手続費用　（別紙手続費用計算書に記載のとおり）		
（申立人） ○○信用金庫	昭和61.04.24付 根抵当権　　物件1．2	0	4332965
（申立人） ○○信用金庫	昭和61.07.05付 根抵当権　　物件3．4	0	昭和61.04.24付 4332965
○○信用金庫	昭和62.07.24付 根抵当権　　物件1．2	0	昭和61.04.24付 4332965
○○信用金庫	昭和63.07.15付 根抵当権　　物件1．2	0	昭和61.04.24付 4332965
○○市△△区	平成7．05.31付〜 　　　　平成8．05.31付 平成7年度〜平成8年度	0	
計			

債権の種類欄の日付は，担保権は設定登記（仮登記）の日，交付要求債権は法定納
備考欄の「最後の2年分」は満期となった最後の利息損害金の合計額，「（極）」は
㈱は株式会社，㈲は有限会社，（農協）は農業協同組合，（火）は火災海上保険株式

　このような物上代位権の行使が可能な状態が生じた場合，抵当権者は，抵当不動産の売却または賃貸の場合のように依然として抵当権を行使できる場合でも売却代金債権または賃料債権に対し物上代位権の行使を選択することができます。これに対し抵当不動産が建物で火災により滅失したようなときは，優先弁済権行使のため残された唯一の方法として火災保険金支払請求権に対し物上代位権を行使することになるわけです。
　(2)　**手 続 き**　そして，抵当権者が物上代位権を行使することができるためには，債権の支払前に差押えがなされる必要があります（民372・304）。この差押えの方法は，売却代金債権・賃料債権・保険金支払請求権のような債権がその客体となりますから，民事執行法でいえば，同法193

V 抵当権の効力 —— 優先弁済的効力

配当表

物件番号 第1〜4号 表	代　　　　　金(円)	37,477,777
	無剰余の場合の保証(円)	0
	前買受人の保証(円)	0
	合　　　計(円)	37,477,777

損害金(円)	元本(円)	合計(円)	配当等(円)	備考
		1156703	1156703	
49662851	127963877	181959693	30000000	(極) 3000万円
根抵当権の被担保債権と同じ 49662851	127963877	181959693	4,630,317	(極) 1000万円
根抵当権の被担保債権と同じ 49662851	127963877	181959693	1,690,757	(極) 2500万円
根抵当権の被担保債権と同じ 49662851	127963877	181959693	0	(極) 3000万円
261000	936400	1197400	0	
			37477777	

期限等，配当要求は配当要求の日，仮差押及び差押はその登記の日をそれぞれ示す。
極度額，「順位」は公租公課官公署間の順位をそれぞれ示す。
会社，(海)は海上火災保険株式会社をそれぞれ示す。

〈以下略〉

条および143条以下による債権執行の方法によることになります。すなわち，抵当権者が，その被担保債権を請求債権として，債務者たる抵当不動産所有者が第三債務者（買主・賃借人・保険会社等）に対して有する売却代金債権・賃料債権・保険金支払請求権等を差し押えることにより物上代位権を行使することになるわけです。

　抵当権者が物上代位権行使としての債権差押命令の申立てをすることができるための要件は，前記2で述べた抵当権実行のための要件と変わりがなく（但し，行使の対象が不動産でありませんので，前述の形式的要件は必要ないと考えられます），執行裁判所がこの申立てを適法と認めたとき

は，図22のような債権差押命令を発することになります。事件の符号が(ケ)となっていますが，これは担保権実行としての債権執行を意味し，強制執行としての債権執行である(ル)と区別して下さい。

(3) **最近の判例**　なお，抵当不動産が賃貸された場合，抵当権者は，民法372条，304条の趣旨に従い，賃借人が供託した賃料の還付請求権についても物上代位権を行使することができます（最判平元・10・27民集43・9・1070）。また抵当権者は，物上代位権の目的債権が譲渡され第三者に対する対抗要件が備えられた後においても，自ら目的債権を差し押えて物上代位権を行使することができ（最判平10・1・30民集52・1・1），一方，債権について一般債権者の差押えと抵当権者の物上代位権に基づく差押えが競合した場合には，両者の優劣は，一般債権者の申立てによる差押命令の第三債務者への送達と抵当権設定登記の先後によって決せられることになります（最判平10・3・26民集52・2・483）。

4　抵当権の順位

(1) **抵当権者相互間の順位**　同一目的物につき複数の抵当権者が存在する場合，その順位は登記の先後によります（民373Ⅰ）。また，先順位抵当権が弁済その他の原因で消滅すると，後順位の抵当権は当然にその順位が昇進します。これを順位昇進の原則といい，わが国の抵当制度の特色とするところですが，後順位抵当権者に不当な利益を与えるという批判があります。

例えば，甲建物（時価500万円）につきAが被担保債権500万円につき1番抵当権を，Bが同じく400万円につき2番抵当権を，Cが300万円に3番抵当権を有している場合に，A抵当権が弁済等により消滅すると，B抵当権が1番にC抵当権が2番にそれぞれ順位が昇進しますが，これは，B抵当権が2番から1番に昇進することにより，従前ならA抵当権に劣後するため配当額ゼロであったのに400万円満額の配当を受け，C抵当権も100万円の配当を受ける結果になり，BとCは思わぬ利益を受けることになります（図23参照）。

なお，抵当権者が複数存在する場合，先順位抵当権者と後順位抵当権者間の合意で，抵当権の順位を変更することもできます（民373Ⅲ）。

図22 債権差押命令（物上代位）

| 事件番号 | 平成何年（ナ）第何号 |

債 権 差 押 命 令

　　　　　　　当　事　者　　別紙目録のとおり
　　　　　　　担　保　権　⎫
　　　　　　　被担保債権　⎬　別紙目録のとおり
　　　　　　　請　求　債　権　⎭

1　債権者の申立てにより，上記請求債権の弁済に充てるため，別紙担保権目録記載の　　抵当権（物上代位）に基づき，債務者兼所有者　が第三債務者　に対して有する別紙差押債権目録記載の債権を差し押える。

2　債務者兼所有者　は，前項により差し押えられた債権について，取立てその他の処分をしてはならない。

3　第三債務者　は，第1項により差し押えられた債権について債務者兼所有者　に対し，弁済をしてはならない。

　　平成何年何月何日

　　○○地方裁判所第○民事部

　　　　　　裁　判　官　　甲　野　太　郎

（注）　別紙目録は省略

3 抵当権

図23 順位昇進の原則

甲建物

順位	
1	A抵 500万円
2	B抵 400万円
3	C抵 300万円

(500万円)

⇒ A抵当権が弁済により消滅 ⇒

甲建物

順位	
1	B抵 400万円
2	C抵 300万円

(500万円)

(2) **他の担保物権との優先順位** 抵当権と不動産質権との順位は登記の先後により(民361・373)，抵当権と不動産先取特権との順位は登記の先後によらないことがあること（民339），抵当権と一般先取特権との順位は，両者に登記があるときは登記の先後により，両者に登記がないときは一般先取特権が優先し，抵当権に登記があって一般先取特権にそれがないときは抵当権が優先します（民336参照）。

(3) **租税債権との優先順位** 抵当権と租税債権の優先順位は，租税債権の法定納期限等と抵当権の設定された時期の先後によります（国税徴収法16，地方税法14の10）。すなわち，抵当権の設定(厳密には抵当権設定登記）が租税債権の法定納期限等より先である限り抵当権が優先します。

5 一般財産からの弁済（民394）

抵当権者は，同時に債権者でもありますから，抵当権を有するからといって債務者の一般財産(抵当権の効力の及ばない財産）に強制執行することができなくなるわけではなく，判決等の債務名義に基づき，民事執行法に従いこれを行うことができます。

しかし民法は，同法394条の規定により，他の債権者の利益保護のため，この方法に一定の制限を加えています。

すなわち，①抵当権者が抵当権を実行せずに先に債務者の一般財産に強制執行をしてきたときは，他の一般債権者はまず抵当不動産を競売してその代価で弁済を受けなかった部分についてだけ一般財産から弁済を受けるようにとの異議を述べることによって，その執行手続を阻止する

ことができます(民394Ⅰ)。これは、抵当権者は抵当不動産から債権の満足を受けることができるので、さらに他の債権者の責任財産である債務者の一般財産からも満足を得ることができるとすることは、抵当権者を不当に利することになるからです。また、②抵当債権者が抵当不動産の競売代価から弁済を受ける以前に他の財産の競売代価を配当すべき場合には、抵当権者が当該債権から弁済を受けられる機会を保障する意味で、抵当債権者は被担保債権全額をもって配当加入することができます（民394Ⅱ本文）が、他の債権者から請求があるときには、抵当権者への配当額は供託しなければなりません（民394Ⅱ但書）。

3 共同抵当

1 普通抵当権の場合

債権者が同一債権の担保として複数の不動産の上に抵当権を有する場合を共同抵当といいますが、普通抵当権と根抵当権とでは内容を異にしますので、以下、分けて説明します。

(1) **共同抵当権の設定と公示**　　共同抵当権とは、「同一ノ債権」の担保として「数個ノ不動産ノ上ニ」設定されるものです（民392Ⅰ参照）。ここに同一の債権とは、発生原因の同一のもの、例えば何月何日の金銭消費貸借契約から生じた貸金債権というものをいい、また数個の不動産とは、土地および建物のほか、1個の不動産とみなされる工場財団・鉱業財団・漁業財団などを含みます。なお、共同抵当権は数個の不動産に同時に設定されるのが通常ですが、追加的に設定することもできます(不動産登記法123・127参照)。

共同抵当権が設定された場合、目的たるそれぞれの不動産の登記に共同担保たる旨が記載されるとともに共同担保目録（図24）が備え付けられ（不動産登記法122ないし128)、もって共同抵当権の公示がなされます。しかし共同抵当たる性質は、前記の要件さえ満たせば法律上当然に発生し、公示をしなければ共同抵当にならないというものではありませんから、公示は、共同抵当である旨を第三者に対抗する要件ではなく、単に共同抵当関係を宣言する効力を有するにすぎないといえます。

③ 抵当権

図24　共同担保目録

( )			
共同担保目録			枚数
番号	担保の目的たる権利の表示	（一）第　　号 受付 第　　年月日　　号	2 3 4 5 6 7 8 9 10 11 12 13 14
1	何市何町何番の土地		
2	何市何町何番地家屋番号何番の建物		
		順位番号	
		申請人（登記官）	
	予備	登記権利者　何　某 登記義務者　何　某 代理人　何　某 ㊞	

図25　共同担保の表示がある抵当権登記（旧様式）

抵当権設定
昭和六〇年壱月壱弐日受付
第参七弐九五号
原因　昭和六〇年壱弐月四日
　　　金銭消費貸借同日設定
債権額　金弐千百参拾万円
利息　年七・八％
損害金　年壱五％
債務者　○○市○○区田中二
　　　　丁目壱弐番七号
　　　　大　内　一　郎
抵当権者　○○市○○区弁天通
　　　　六丁目八五番地
　　　　○○南農業協同組合
　　　　（取扱支所　○○支所）
共同担保目録(け)第四七壱九号

62

因みに、共同担保目録とは数個の不動産を目的として共同抵当権の設定の登記を申請するとき等に添付されるとともに登記簿の一部と看做されるものであり（不動産登記法122・126条等）、この申請がなされたときは図23の抵当権設定登記のように、登記の末尾に「共同担保目録(ケ)第四七壱九号」のような記載がなされます。

(2) **後順位抵当権者との関係** 共同抵当権が設定された場合、共同抵当権者が、いかなる場合においても数個の抵当不動産のいずれからも自由にその優先弁済を受けうるとすることは、抵当権の実行を受けた不動産の後順位抵当権者からみると、共同抵当権者のいわば恣意により不利益を受けるということになります。一方、抵当債務者からみると、上記のような結果が生ずる可能性があるため、一度共同抵当の目的となった不動産はもはやこれを他に担保に供することが困難になり各不動産の担保価値が不必要に固定せしめられるという不公正が生じます。そこで民法は、このような不公正を取り除き、後順位抵当権者等を保護するため、共同抵当権による被担保債権の負担を各不動産価額に応じて割り付ける等の方法（民392・393）により、共同抵当における抵当権の不可分性に一定の制限を付しています。

イ 同時配当の場合（民392Ⅰ） 共同抵当の目的たる不動産全部の競売代価を同時に配当すべきときは、共同抵当権者の意見によってある特定不動産の競売代金のみから弁済をうけるということはできず、各不動産の価額に応じて共同抵当権者の被担保債権の負担を按分して割り付け、その割付額についてのみ共同抵当権者が各不動産から優先弁済を受けることができます（民392Ⅰ）。例えば、図26のように、Aが金1,800万円の債権につき甲土地（価額1,200万円）、乙土地（価額800万円）・丙建物（価額400万円）なる3個の不動産上に1番で共同抵当権を有し、Bが金300万円の債権につき甲土地の上に、Cが金200万円の債権につき乙土地の上に、Dが金100万円の債権につき丙建物の上に、それぞれ2番抵当権を有するとした場合に、Aが甲乙丙の各不動産から同時配当を受けるときは、甲より金900万円、乙より金600万円、丙より金300万円の優先弁済を受け、その結果、後順位抵当権者BCDも全額その債権の完済を受けうることになります。

3 抵当権

図26 共同抵当の割付け（同時配当）

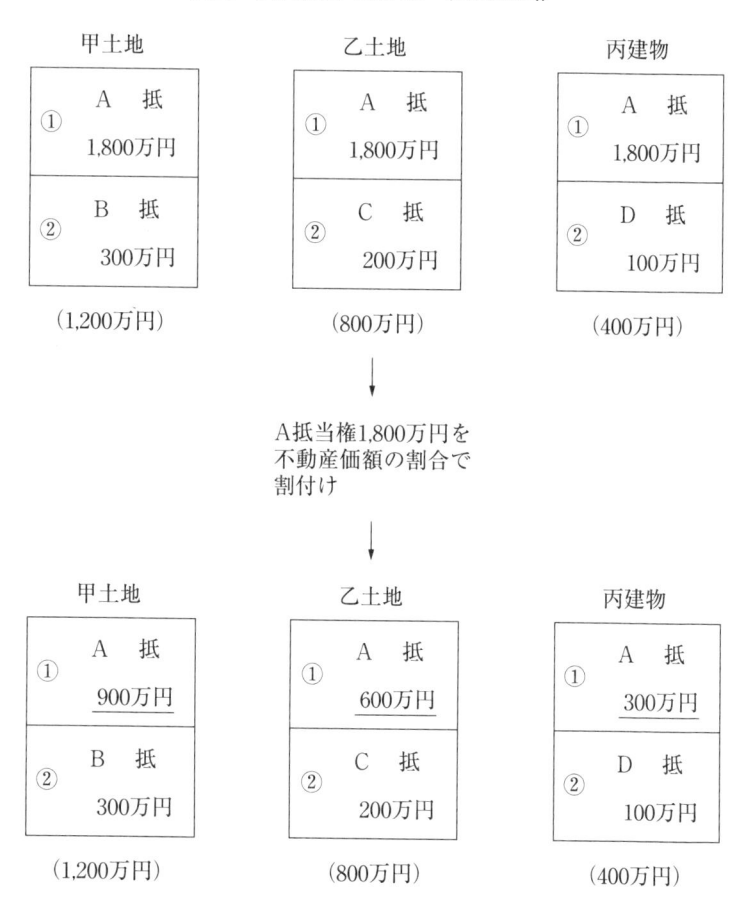

```
    甲土地              乙土地              丙建物

①  A 抵            ①  A 抵            ①  A 抵
    1,800万円            1,800万円            1,800万円

②  B 抵            ②  C 抵            ②  D 抵
    300万円              200万円              100万円

  （1,200万円）       （800万円）         （400万円）
```

↓

A抵当権1,800万円を
不動産価額の割合で
割付け

↓

```
    甲土地              乙土地              丙建物

①  A 抵            ①  A 抵            ①  A 抵
    900万円              600万円              300万円

②  B 抵            ②  C 抵            ②  D 抵
    300万円              200万円              100万円

  （1,200万円）       （800万円）         （400万円）
```

ここに「同時ニ其代価ヲ配当スベキトキ」とは，共同抵当権者が競売申立てをしたか他の債権者がこれをしたかを問わず，結果として共同抵当の目的たる不動産全部について競売が行われ，それぞれについての競売代金の総額が同時に配当される場合をいいます。

また「不動産ノ価額」とは，当該共同抵当権を中心として考えるべきですから，共同抵当権がいずれの物件についても最優先順位である場合

においては現実の競売価額と解してよいが、ある物件について共同抵当権に優先する担保権のある場合には、現実の競売価額から優先する債権額を控除した残額をもって「不動産ノ価額」と解すべきでしょう。

ロ　異時配当の場合（民392Ⅱ・393）

① 共同抵当権者への全額配当と後順位抵当権者の代位　共同抵当の目的たる不動産の一部の競売代価を配当すべきとき（民392Ⅱによれば「或不動産ノ代価ノミヲ配当スベキトキ」）は、共同抵当権者は、その代価につき当該不動産の割付額に限らず被担保債権全額の弁済を受けることができますが、その代わり後順位抵当権者は、共同抵当権者が未だ配当を受けていない他の不動産につき民法392条1項により弁済を受くべき金額（割付額）にみつるまで、共同抵当権者に代位して抵当権を行うことができます（民392Ⅱ）。これは、抵当権の不可分性の原則により共同抵当権者に被担保債権全額の弁済を受ける機会を与えるとともに、その代わり後順位抵当権者が不利益を受けないよう、代位という方法により同時配当の場合と同一の結果を収めようとしたものです。

例えば、前記イの例において、甲土地の代価のみをまず配当すべきときは、Aは甲土地の代価金1,200万円を全部取得します。この場合、共同抵当権者Aの各不動産に対する割付額は、もともと甲土地に金900万円・乙土地に金600万円・丙建物に金300万円だったのですが、Aはこのように甲土地から被担保債権金1,800万円のうち金1,200万円の弁済を受けたのですからその残債権額は金600万円となり、これを乙土地・丙建物に割り付けますとその価格割合は2対1ですから乙土地金400万円・丙建物金200万円となり、もともとの割付額との空きは乙土地が金200万円・丙建物が金100万円になります。そこで、甲土地の代価金1,200万円を先順位の共同抵当権者Aが全額取得したことにより不利益を受けた後順位抵当権者Bは、Aが乙土地及び丙建物に対して有していた割付額の空きをAに代わって取得し、結局、BはAの代わりに、乙土地については金200万円をもって、丙建物については金100万円をもってそれぞれ1番抵当権を代位行使することができることになります（図27参照）。

② 問題となるケース　㈠　まず共同抵当権者が被担保債権全額の弁済を受けた場合に限らず、共同抵当権者が被担保債権の一部の弁済

3 抵当権

図27 異時配当の例

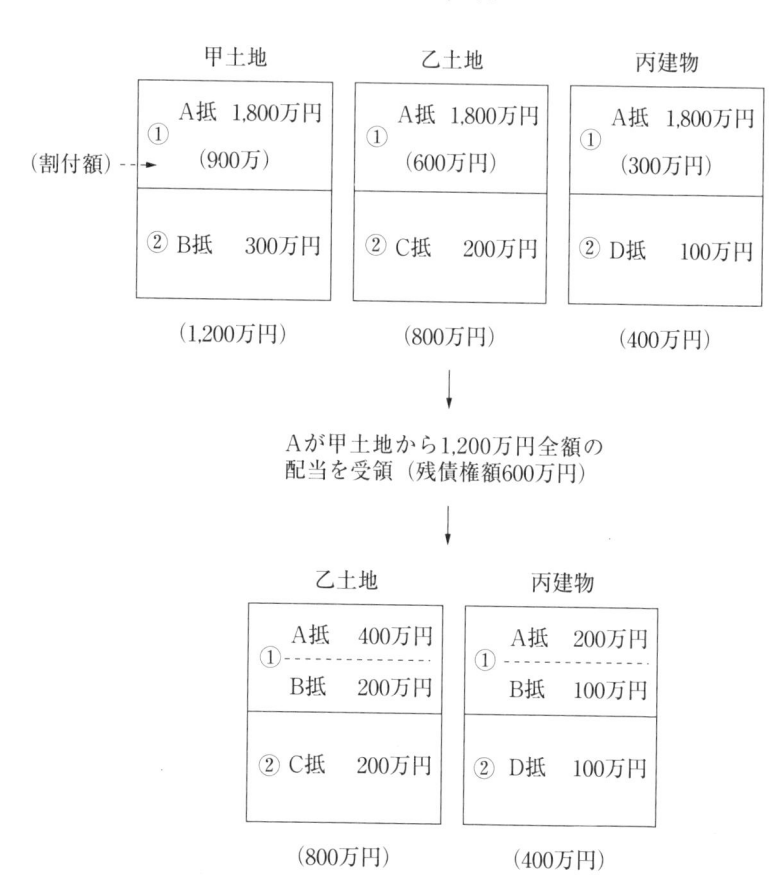

```
              甲土地              乙土地              丙建物
           ┌──────────┐      ┌──────────┐      ┌──────────┐
           │① A抵 1,800万円│    │① A抵 1,800万円│    │① A抵 1,800万円│
(割付額)--→ │   (900万)   │      │   (600万円) │      │   (300万円) │
           ├──────────┤      ├──────────┤      ├──────────┤
           │② B抵 300万円 │     │② C抵 200万円│     │② D抵 100万円│
           └──────────┘      └──────────┘      └──────────┘
            (1,200万円)        (800万円)          (400万円)
```

↓

Aが甲土地から1,200万円全額の
配当を受領（残債権額600万円）

↓

```
              乙土地              丙建物
           ┌──────────┐      ┌──────────┐
           │① A抵 400万円│      │① A抵 200万円│
           │  B抵 200万円│      │  B抵 100万円│
           ├──────────┤      ├──────────┤
           │② C抵 200万円│     │② D抵 100万円│
           └──────────┘      └──────────┘
            (800万円)          (400万円)
```

を受けた場合でも当該不動産の割付額を超える額の弁済を受けたときは，後順位抵当権者は共同抵当権が他の不動産に対して有する割付額の空きに対し代位できます（大判大15・4・8民集5・575）。

(ⅱ) 次に共同抵当の目的物の一部が債務者以外の第三者（物上保証人）の所有に属する場合につき，物上保証人は民法372条・351条により求償権を取得しこの範囲内において他の目的物に抵当権を代位して行使でき

ます(民500)が，この代位権と民法392条2項の代位権とが衝突するとしても，物上保証人の場合は，債務者所有の他の不動産が共同担保となっていることによって求償権は確実に効果を収めうると期待したのですから，後に債務者所有不動産に後順位抵当権が設定されたからといって，その期待を空に帰せしめるべきでなく，物上保証人の求償権の方を優先させるべきでしょう(最判昭44・7・3民集23・8・1297，同昭60・5・23民集39・4・940)。

③ 代位の効果　　代位の効果として，抵当権は，共同抵当権者から代位抵当権者に，法律上当然に移転します。この場合の代位登記は，付記登記の方法による(民393，不動産登記法134・119ノ4)。また，共同抵当権者が債権の一部弁済を得たにとどまるときは，他の不動産上の抵当権は消滅していないので(民372・296)，前記のような抵当権の移転はありま

図28　共同抵当権の次順位抵当権者の代位登記

何	付記		
	何号		
	第何号	平成何年何月何日受付	何番抵当権代位
	原因	平成何年何月何日民法第三九二条第二項による代位	
	競売不動産	何市何町何番の土地	
	競売代価	金何円	
	弁済額	金何円	
	被担保債権	平成何年何月何日金銭消費貸借	
	債権額	金何円	
	利息	年何％	
	損害金	年何％	
	債務者	何市何町何番地　何某	
	代位者	何市何町何番地　何某	

せんが，共同抵当権の被担保債権の消滅を停止条件とする移転がありますから，付記の仮登記をなすべきであるとするのが判例の立場です(大判大15・4・8民集5・575)。なお，図28は，全部の移転がなされた場合の登記記載例です。

2 根抵当権の場合

(1) 総　　説　　数個の不動産上に，被担保債権を共通にする根抵当権が設定された場合については，民法398条ノ16以下に3か条の定めがあります。これによると，被担保債権の範囲・債務者および極度額が同一でしかも設定と同時に「同一債権ノ担保トシテ」設定せられた旨を登記した場合は民法392条・393条が適用され，当該被担保債権は数個の不動産の共同の負担になる（民398ノ16)が，数個の不動産の上に根抵当権が存在するそれ以外の場合（すなわち被担保債権の範囲等が同一でなかったり前記登記がないような場合）には，当該被担保債権が各不動産につき同一であっても数個の不動産の累積的な負担になります(民398ノ18)。前者は純粋共同根抵当権と呼ばれ，後者は累積共同根抵当権と呼ばれています。

(2) 純粋共同根抵当権（民398ノ16）

(1) 要　　件　　純粋共同根抵当権が成立するためには，①被担保債権の範囲・債務者および極度額が同一であること，及び，②設定と同時に共同担保である旨の登記をすること，が必要です。この登記は，対抗要件ではなく効力発生要件です。

(2) 効　　力　　この要件を満たすことによって，数個の不動産の上の根抵当権はすべて同一の債権を担保することになりますから，その債権は数個の不動産の上の根抵当権によって同時に担保されます。この場合，普通抵当権に関する民法392条・393条の理論は，それぞれの不動産が極度額を限度として負担を負うということを除いては，すべて適用されます。

担保される債権の元本の確定はすべての不動産について同時に生じます(民398ノ17Ⅱ)。純粋共同根抵当権は同一の債権を担保するものとして設定されるので，その確定もすべての不動産に同時に生じ，例えば1つの不動産が差し押さえられる（民398ノ20Ⅰ④参照）と全部の不動産につき

根抵当権が確定します。

(3) **累積共同根抵当権**（民398ノ18）　同一当事者間で数個の不動産の上に設定された根抵当権で前記(1)の純粋共同根抵当権以外のものは，すべてこの累積共同根抵当権です。

累積共同根抵当権の場合に，優先弁済を受ける債権の各不動産における配分額は次のとおりです。

① まず各不動産につき全部または一部の共通性もない被担保債権は，そもそも共同根抵当権ということはできない（民法392条にいう共同抵当権は同一債権たることを要件としている）から，その債権は当該不動産から独立して弁済を受けることができます。

② これに対し，各不動産の全部または一部につき共通な被担保債権がある場合，累積型であることを強調すれば，根抵当権者が当該債権の弁済をどの不動産から受けるべきかは全く根抵当権者の任意の選択に任されているといえそうですが，後順位債権者間の平等ということも考えると，次のように解すべきでしょう。

すなわち，被担保債権の共通な数個の不動産の一部につきいわゆる異時配当が行われるときは，根抵当権者は当該不動産から債権全額の弁済を受けることができ，しかもこの場合，後順位債権者の代位（民392Ⅱ参照）は起こらない。この場合，どの不動産につき最初に配当がなされるかで，後順位債権者間の不平等が起こります（最初に配当がなされなかった不動産の後順位債権者は，根抵当権者が最初の配当で受けた配当額だけ有利になる）が，それは累積型である以上やむをえないと解されます。

これに反し同時配当が行われるときは，根抵当権者の恣意的な選択はこれを許すべきではないですから，信義則により，当該被担保債権は各不動産価額に応じて各不動産に按分されると解すべきでしょう（なお，最判平9・1・20民集51・1・1参照）。

VI 用益権との調和

1 総　説

　抵当権は，目的物の有する交換価値を把握する権利であって，目的物の用益に干渉しないものですから，所有者は，抵当権設定後も目的物をみずから使用収益し，または第三者に使用収益させることができます。また，抵当権の実行により抵当不動産が売却されると，競落による買受人は抵当権設定当時における状態で目的物を取得しますので，抵当権設定登記前に対抗力を備えた第三者の用益権は買受人に対抗できるものの，抵当権設定登記後に設定された用益権は買受人に対抗できません。
　しかし，民法は，抵当不動産の円滑な利用あるいは地上建物の存在を全うさせる国民経済上の必要等の要請から，この原則に次のような修正を加えています。

2 短期賃貸借の保護（民395）

1 意　義

　民法602条の期間を超えない短期の賃貸借は，抵当権設定登記後に対抗要件を備えたものであっても，なお抵当権者ひいては競落による買受人に対してその存続を主張することができるとされています（民395）。これは前記「1　総説」で述べた原則に対する重大な例外ですが，その立法趣旨は，抵当権はそもそも抵当目的物の有する交換価値を把握するにとどまり，その用益はこれを設定者の手に委ねるのを本体としますから，抵当権設定登記後に対抗要件を取得した賃貸借の期限が短期でしかも賃貸借の内容が合理的であるならば，抵当権者ひいては買受人にその賃借権を甘受せしめ，もって価値権と利用権の調和（抵当不動産の円滑な利用）を図ろうとしたものです。
　ただし現実の利用状況をみると，抵当権実行の妨害手段としてこの制度が濫用される傾向が強いようです。すなわち，多額の債務を抱える債

Ⅵ 用益権との調和

図29 賃借権設定仮登記及び条件付賃借権設定仮登記

```
賃借権設定仮登記
平成何年何月何日受付
第何号
原因　平成何年何月何日設定
借賃　壱㎡につき壱月金五拾円
支払期　毎年壱弐月参壱日
特約　譲渡、転貸ができる
権利者　○○市白旗二丁目壱五
　　　　番弐号
　　　　株式会社　甲野商事
```

```
条件付賃借権設定仮登記
平成何年何月何日受付
第何号
原因　平成何年何月何日停止条
　　件付設定（条件　同日根抵
　　権確定後の被担保債務の不履
　　行）
借賃　壱ヶ月㎡当り金壱百円
支払期　毎月末日
存続期間　効力発生の日より満
　　参年
特約　譲渡、転貸ができる
権利者　○○市○○区狩場町
　　　　参○壱番地の参七
　　　　　　　赤松春男
```

　務者が自己所有不動産に図29のような賃借権設定仮登記または条件付賃借権設定仮登記を経由することがありますが，この仮登記があると，競売に付されても，短期賃貸借に該当する可能性があるとして，現実に買受人が現われない確率が高くなり，結果として抵当権の実行が妨害されることになります。

　もっとも，このような妨害手段に対抗する方策としては，抵当権者自身が抵当権設定登記を受けるときに同時に抵当権者を登記権利者とする賃借権設定仮登記等を経由しておけば，後の賃借権設定仮登記等を排除できるともいわれています。

2 保護を受けるための要件

イ 民法602条の定める期間を超えない期間の定めのある賃貸借であること 民法602条の定める期間は，⒤山林は10年，⒥山林以外の土地は5年，⒤建物は3年，⒤動産は6か月，です。民法602条の定める期間を超える長期賃貸借は，抵当権設定登記後に締結されたものである限り，抵当権者ひいては買受人に対し全く対抗力がありません。民法602条の期間内だけ対抗力をもつのではありません（最判昭38・9・17民集17・8・955等）。

一方，期間の定めのない賃貸借は，当事者はいつでも解約の申入れをすることができる（民617）から，短期賃貸借に該当します（最判昭39・6・19民集18・5・795等）。また，抵当権が実行される以前に短期賃貸借の期間が満了すれば，賃貸借は更新されます（民603）が，この更新された賃貸借も短期賃貸借であることに変わりがないので，買受人に対抗することができます（大判明40・10・10民録13・927）。ただし，差押えの効力発生後における更新は許されません（最判昭38・8・27民集17・6・871）。

なお，建物所有を目的とする土地賃借権については借地権として借地借家法の適用があり（同法が施行された平成4年8月1日より以前に設定された借地権については，廃止された借地法が既に生じた効力としてそのまま適用されます），30年以下の存続期間となることはありません（3条・22条等）ので民法395条が適用される余地はないと考えられます。一方，建物賃借権については，平成4年8月1日から施行された借地借家法の下においても，1年未満の期間を定めることが許されないだけですから（29条），民法395条は，大体において文字どおりの適用をみます。ただし建物賃借権については，期間の定めのある賃貸借の更新を拒絶し，あるいは期間の定めのない賃貸借の解約を申入れするには，それぞれ正当事由が必要である（28条）とされて，賃貸借の継続がある程度強制されていますが，そうだからといって借地借家法の適用ある建物賃貸借につき民法395条の適用を否定する必要はなく，その後の正当事由の判断に当たって抵当権に対抗しうる短期賃貸借であることも考慮すれば足りると解すべきでしょう（最判昭39・6・19民集18・5・795，同昭43・9・27民集22・9・2074）。

ロ 賃貸借の登記があること これは，短期賃借人は対抗要件を具備

しなければならないということですから、登記（民605）に限らず、建物賃貸借については借地借家法31条による引渡し、建物所有を目的とする土地賃貸借については同法10条による建物の登記、農地賃貸借については農地法18条による引渡しであってもよいと解すべきでしょう。

ハ　抵当権実行前に設定された賃貸借であること　抵当権者が抵当権の実行に着手し競売手続が開始されると差押えの効力が生じますから、抵当不動産に対するその後のいかなる処分も買受人に対抗することができなくなり、短期賃貸借といえどもその例外ではありません。したがって、差押登記後に対抗要件を備えた短期賃貸借は民法395条の保護を受けません（大判大2・1・24民録19・11等）。

3　有害な短期賃貸借の解除請求

イ　意義および性質　抵当権者に対抗しうる短期賃貸借が抵当権者に損害を及ぼすときは、裁判所は抵当権者の請求によりその解除を命ずることができます（民395但書）。これは、一方において価値権と利用権の調和のために抵当権設定登記後における短期賃借権の存続を認めたが、他方その賃貸借の内容が不合理で抵当権者に不利益を及ぼすときは、その賃借権を消滅せしめようとしたものです。

ロ　要　件　要件としては、賃貸借が抵当権者に損害を及ぼすことが必要です。ここに「抵当権ニ損害ヲ及ホストキ」とは、賃貸借の存在により抵当不動産の競売代価が低廉となりその結果抵当権者において完全にその被担保債権の弁済を受けることができない場合をいいます（大判大5・5・22民録22・1016）。例えば賃料の低廉・前払いなどの場合です（最判昭34・12・25民集13・13・1659参照）。

ハ　行使方法　抵当権者の解除請求は、賃貸人と賃借人双方を相手方とする形成の訴え（これは固有必要的共同訴訟です）によってこれをなし（大判大4・10・6民録21・1596）、またこの請求は、競売申立後であることを妨げませんが、競売裁判所がひとたび抵当不動産に対する最低売却価額（民執法188・60 I）を定めた後においても、賃貸借が解除されると売却価額は事実上上昇しますから、競売手続の完結時（買受人が代金を納付した時）まではこれをすることができると解すべきでしょう（大判大4・10・

6 前掲、同昭7・2・29民集11・397）。

3 法定地上権（民388）

1 意 義

　Aが土地とその上の建物を所有する場合に、Aが土地だけを抵当に入れるときは、競売によって土地を取得する買受人Bはその建物のために地上権の制限を受け、またAが建物だけを抵当に入れるときは、競売によって建物を取得する買受人Bはその建物のために地上権を取得します（民388本文）。このように抵当権実行の結果として当然に生ずる地上権を法定地上権といいます（なお立木法5参照）。これは、土地と建物を別個独立の不動産とするわが民法の建前からして、抵当権が実行されることにより土地と建物の所有者が別人になる事態が容易に予想されますが、その不都合を、地上建物の土地に対する潜在的利用関係が競売により顕在化するとしてこれを除去し、地上建物の崩壊による国民経済上の不利益を防止しようとした制度です。

　なお、法定地上権の制度は、本条のほか、土地と地上建物の一方が強制競売により売却された場合につき民事執行法81条が、同じく公売により売却された場合につき国税徴収法127条が、それぞれ定めていますが、本条の適用される場面については本条が優先適用されます。

2 成立要件

　イ　抵当権設定当時に土地の上に建物が存在すること　　これは、いわゆる更地（建物のない土地）の担保価値と建物の存する土地の担保価値とは、著しく異なりますから、更地に抵当権が設定された後に築造された建物のために地上権を認めるのでは、抵当権者を害することになるからです（最判昭36・2・10民集15・2・219参照）。したがって、建物の存する土地に抵当権を設定した後に建物が滅失して再築された場合（大判昭10・8・10民集14・1549、同昭13・5・25民集17・1100）等には、抵当権者に不測の損害を与えることがないので、法定地上権を認めるべきでしょう。

ロ　抵当権設定当時土地と建物の所有権が同一であること　これは，抵当権が設定される以前に土地と建物の所有者が異なる場合は，当事者間の合意によりその建物のために何らかの用益権（賃借権，使用借権など）が設定されているはずですから，このような場合にまで法定地上権を認める必要はないとの考慮に基づくものです。したがって，抵当権設定当時に同一人に帰属しておればその後に土地または建物の一方が第三者に譲渡されても法定地上権は成立します（大判大12・12・14民集2・676）が，抵当権設定当時には土地および建物の所有者が異なるがその後に土地および建物が同一人に帰属したときは法定地上権は成立しない（最判昭44・2・14民集23・2・357）ことになります。この場合，土地とその上にある建物が同一人の所有ではある限りその登記面の表示如何は問いません（最判昭48・9・18民集27・8・1066）。

なお，土地または建物の一方が他人との共有である場合につき判例は，①建物が共有でその敷地が単独所有である場合にその敷地のみに抵当権が設定され競売されたときは，敷地所有者は自己のみならず他の建物共有者のためにも土地の利用を認めているということができるから，法定地上権が成立します（最判昭46・12・21民集25・9・1610）が，②建物が単独所有でその敷地が共有である場合にその敷地の共有持分のみに抵当権が設定され競売されたときは，一般に土地共有者中一部の者だけがその土地に地上権は設定できないのでその理は法定地上権についても同様であるとして，法定地上権は成立しないとしています（最判昭29・12・23民集8・12・2235）。

ハ　土地または建物のみを抵当とすること　民法388条は「土地又ハ建物ノミ」を抵当の目的とした場合に限定しますが，法定地上権は，競売の結果，土地と建物の所有者が異なるようになる場合を考慮したものですから，土地および建物が共に抵当権の目的物になった場合でも土地・建物が別人に競落されたときは，法定地上権が生ずると解すべきでしょう（最判昭37・9・4民集16・9・1854）。

ニ　土地または建物が競売されて土地と建物が別異の者に帰属するに至ったこと　この競売は，抵当権者の申立てによる担保権実行としての競売であるのが通常ですが，その抵当権者が債務名義を得て行う強制競売

であっても差し支えなく（大判大3・4・4民録20・290），また抵当権の設定されている目的物につき，他の一般債権者または抵当権者がそれぞれ強制競売または担保権実行としての競売としてこれを行なっても差し支えありません。

3 効　力

イ　法定地上権の内容は一般の地上権のそれと異なるものではありません。その効力は，その建物利用に適当な範囲に及び，その存続期間は，まず当事者の協議によって定め，それが調わないときは裁判所がこれを定めます（民268Ⅱ）。また，法定地上権の取得も1つの物権変動ですから，登記がその対抗要件となります（民177）。

ロ　法定地上権の地代は，まず当事者間の協議によってこれを定め，それが調わない場合には当事者の請求により裁判所がこれを定めます（民388但書）。この場合裁判所は，地上権発生当時における諸般の事情を斟酌してこれを定めますが，その後に事情の変更があれば，その前後を区別してそれぞれ適当な地代を定めるべく（大判昭16・5・15民集20・596），また裁判所の決定する地代は地上権成立の時に遡ってその効力を生じます。土地所有者による地代増額の意思表示は必要でありません（なお最判昭40・3・19民集19・2・472参照）。

4 抵当権に基づく物権的請求権

抵当権は物権ですから，抵当権の侵害あるときは，その侵害の排除を請求することができます。ここに抵当権の侵害を生ずるときとは，目的物の交換価値が減少しそのために被担保債権を担保する力に不足を生ずることであり，抵当山林の伐採搬出・抵当家屋の毀損等の場合に抵当権の侵害となります。ただし，抵当権は占有すべき権利を包含しないので，物権的請求権は，伐採木材の搬出禁止・伐採禁止等の妨害排除請求権および妨害予防請求権しか認められず，抵当不動産そのものはもちろんその分離された付加物等についても返還請求権は有しません。

なお，抵当不動産を占有する第三者に対して抵当権者が明渡請求をな

しうるかについて，従前の判例（最判平3・3・22民集45・3・268）はこれを否定していましたが，後にこれを改め，第三者が抵当不動産を不法占有することにより競売手続の進行が害され，適正な価額よりも売却価額が下落するおそれがあるなどの事情があるときは，所有者の権利を代位行使し明渡しを請求することができるとされました（最大判平11・11・24民集53・8・1899）。

Ⅶ　その他の法律関係

抵当権を巡る法律関係のうち主要なものをこれまで説明してきましたが，そのほか，以下に述べるような論点があります。これらは，裁判実務上問題とされることが余り多くありませんので，その概要を略述するに止めます。

1　抵当権の処分

1　普通抵当権の場合（図30参照）

(1)　転抵当　　転抵当とは，抵当権をもって他の債権の担保となすことです（民375Ⅰ前段）。例えば，AがBに対して金1000万円の抵当権付債権を有する場合に，Cから金800万円を借りて上記抵当権をもってその担保とすることで，これは，あたかも質権の場合の転質に該当します。

転抵当権も通常の抵当権と同じく約定担保物権ですから，それが成立するためには，原則として転抵当権のための被担保債権が存在すること，および当事者間において転抵当権設定契約が締結されることが必要です。また，転抵当権の設定は，不動産の物権変動ですから，原抵当権の債務者・保証人・抵当権設定者・その承継人以外の第三者に対する対抗要件は登記です（民177）。これに対し転抵当権を原抵当権の債務者・保証人，抵当権設定者およびその承継人に対して対抗するためには，登記ではなく，民法467条に従い上記債務者に転抵当権設定の通知をするかその承諾を得る必要があります（民376Ⅰ）。これは，転抵当権は原抵当権の被担保債権そのものを目的とする担保権ではないが，原抵当権の存立基盤をな

図30　抵当権の処分（普通抵当権の場合）

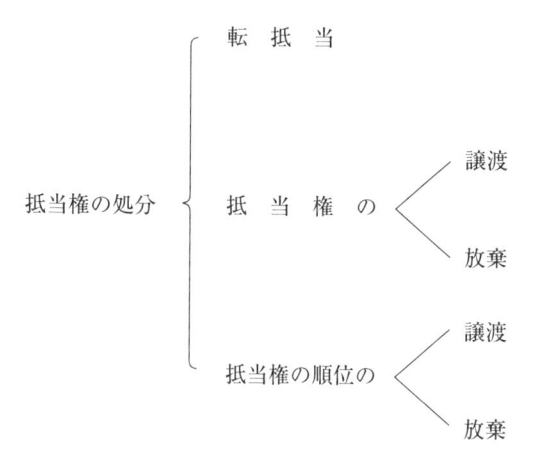

```
                  ┌ 転 抵 当
                  │
                  │                 ┌ 譲渡
抵当権の処分 ─────┤ 抵 当 権 の ──┤
                  │                 └ 放棄
                  │
                  │                 ┌ 譲渡
                  └ 抵当権の順位の ─┤
                                    └ 放棄
```

すものですから，転抵当権が設定されることにより間接的に債権の上に拘束力が及ぶことになるからです。なお，通知・承諾は確定日付ある証書である必要はありません（対第三者に対する関係では上に述べた登記によるからです）。

　転抵当権が設定されますと，転抵当権者は，目的物を競売に付し，その売却代金から優先的に弁済を受けることができます。ただし，その権利行使の要件として，原抵当権および転抵当権の被担保債権の弁済期がいずれも到来したことが必要であり，またその権利行使の結果，売却代金の残余がある場合は，原抵当権者が二次的に優先弁済を受けることができます。

　なお，原抵当権者は，転抵当の目的となった担保価値を消滅させることは許されないので，被担保債権額が転抵当権者のそれを超過する場合でも，原抵当権の実行をしたり弁済を受けたりすることはできません。また転抵当権の設定を原抵当権の債務者に通知をするかその承諾を得たのちにおいては，債務者・保証人・抵当権設定者・その承継人は転抵当権者の承諾なくしてなした原抵当権者への弁済は転抵当権者に対抗することができません（民376Ⅱ）。

　(2)　**抵当権の譲渡**　　抵当権の譲渡とは，抵当権者から無担保債権者に

対して行われる抵当権者たる地位の譲渡で(民375Ⅰ)，その結果，譲受人は譲渡人の有した抵当権の範囲および順位において優先弁済権を取得しますが，設定者および他の担保権者はこれによって何らの影響を受けません。例えば，A400万円1番抵当権・B200万円2番抵当権・C600万円無担保の場合で，AからCへ抵当権の譲渡がなされ，競売代金を500万円とすれば，その配当額はC400万円，B100万円，A無配当となります。

　(3)　**抵当権の放棄**　　抵当権の放棄とは，抵当権者から無担保債権者のためになされる抵当権者たる地位の放棄で(民375Ⅰ)，その結果，受益者たる無担保債権者は放棄者たる抵当権の有した抵当権の範囲および順位において放棄者と平等の立場で共同して優先弁済を受けます。ここにいう抵当権の放棄とは，特定の債権者の利益のためになされるものであって(相対的放棄)，すべての人に対する関係においてなされる放棄(絶対的放棄)とは異なります。例えば前記(2)の例でAがCのために抵当権を放棄するときは，Bは100万円を，残400万円はAとCで4対6の割合で按分して配当を受けます（A160万円・C240万円）。

　(4)　**抵当権の順位の譲渡**　　抵当権の順位の譲渡とは，先順位抵当権者から後順位抵当権者に対してなされる先順位たる地位の譲渡で（民375Ⅰ），その結果，譲渡人である先順位抵当権者の有する抵当権による優先配当額と，譲受人である後順位抵当権者の有する抵当権による優先配当額の合計について，譲受人が優先的に配当を受け，残余について譲渡人が配当を受けることになります。例えばA400万円1番抵当権，B200万円2番抵当権，C600万円3番抵当権の場合に，AからCに順位譲渡がなされ，競売代金を1000万円とすれば，順位譲渡がなかったとした場合の配当額はA400万円・B200万円・C400万円ですから，順位譲渡の結果，AとCの配当額合計800万円からCが600万円，Aが残余の200万円の各配当を受けることになります（Bの配当額は変わらない）。

　(5)　**抵当権の順位の放棄**　　抵当権の順位の放棄とは，先順位抵当権者から後順位抵当権者のためになされる先順位者たる地位の放棄で(民375Ⅰ)，その結果，放棄者たる先順位抵当権者と受益者たる後順位抵当権者は，それぞれの抵当権の受くべき配当額の合計をそれぞれの債権額に応じて按分した額につき配当を受けます。例えば前記(4)の例でAがCのた

めに順位の放棄をするときは，Aの受ける配当額400万円とCの受ける配当額400万円の合計800万円をACがその債権額に応じ按分して配当を受けます（A320万円・C480万円）。

2 根抵当権の場合

普通抵当権の場合に認められる民法375条の処分は，処分をする抵当権者が被担保債権を有することを前提としますが，確定前の根抵当権の場合は根抵当権と被担保債権との直接の結びつきはなく，しかも被担保債権が常に存在するとはいえないので，この規定をそのまま根抵当権に適用するのは不合理であるといえます。そこで民法は，確定前の根抵当権につき転抵当を除く他の4つの形態の処分を認めないことにし（民398ノ11Ⅰ），その代わり独立性を有する新たな処分形態を認めております（民398ノ12ないし同15）。転抵当のみが根抵当権にも認められたのは，転抵当を除く民法375条・376条の処分は，いずれも新たな処分形態を利用することによりほぼ同様の効果が実現できるのに対し，転抵当はこれを利用しても同様の効果を実現することができないからです。

なお確定後の根抵当権については，普通抵当権と同様に民法375条が適用され，新たな処分形態は認められません。

(1) **根抵当権の転抵当（民398ノ11）** 　根抵当権も普通抵当権と同じく転抵当に供することができます(民398ノ11Ⅰ)。ただし，確定前である限り，転抵当権を原抵当権の債務者・保証人・抵当権設定者およびその承継人に対して転抵当権設定の通知をする必要はなく，また債務者が転抵当権者の承諾を得ないで弁済しても，その債務は消滅します。

(2) **根抵当権の譲渡（民398ノ12Ⅰ）** 　根抵当権の譲渡とは，根抵当権の全部を被担保債権とは独立に譲受人に移転せしめることで，確定前の根抵当権に限って認められる処分形態です。すなわち被担保債権とは全く無関係のいわゆる枠支配権自体の処分形態で，被担保債権の範囲・債務者・極度額等はそのまま引き継がれます。

根抵当権の譲渡がなされるためには，譲渡人たる根抵当権者と譲受人間の諾成無方式の合意のほか，根抵当権設定者の承諾を得なければならず，またその対抗要件は登記です（民177）。根抵当権の譲渡がなされる

Ⅶ その他の法律関係

と，譲渡人の債権は，譲渡当時に被担保債権であったものも担保されないことになりますが，譲受人の有する債権は，当該根抵当権の被担保債権の範囲・債務者の基準に合致する限り，譲受時に既に発生している債権も含めて担保されます。この場合，譲受人が根抵当権とともに譲受人から債権を譲り受けても，これは取引債権ではないので，担保されません（民398ノ2Ⅱ参照）。これを担保せしめるには，特定債権たるこの債権を被担保債権の範囲変更手続によりこれを加える必要があります。

(3) **根抵当権の分割譲渡（民398ノ12Ⅱ）** 根抵当権の分割譲渡とは，1個の根抵当権を2個の根抵当権に分割し，その1つを前記(2)に従い譲渡することで，確定前の根抵当権に限って認められる処分形態です（民398ノ12Ⅱ）。これはいわば枠支配権の分割譲渡であって，例えばAが甲不動産の上に極度額1,000万円の根抵当権を有する場合に，この極度額をそれぞれ600万円と400万円の2つの根抵当権に分割し，そのうちの一方を譲受人Bに譲渡するようなことです。

(4) **根抵当権の一部譲渡（民398ノ13）** 根抵当権の一部譲渡とは，根抵当権持分の一部を譲受人に譲渡し，もって根抵当権の準共有状態を成立せしめて譲渡人と譲受人が根抵当権の枠を共同利用する方法であって，確定前の根抵当権にのみ認められる処分形態です。

根抵当権の一部譲渡があると，譲受人は譲渡人とともに根抵当権を準共有することになり，当該根抵当権の被担保債権適格に合致する限り，譲渡人・譲受人いずれの債権も根抵当権に共同して極度額まで担保されることになります。この場合，譲渡人の債権と譲受人の債権の優先弁済を受ける割合は，別段の定めなき限り，配当時における両債権額の割合によります（民398ノ14Ⅰ本文）。

2 第三取得者の地位

抵当権の付着した不動産の所有権を取得しようとする第三者がいる場合，その第三取得者は，抵当不動産の時価が抵当債務額を超える場合には，抵当債務の第三者弁済（民474）または抵当債務の引受により，残額のみを譲渡人に支払えばよいので，比較的安心してその所有権を取得す

3 抵当権

ることができます。しかしその時価が抵当債務額より少ない場合には，第三取得者が，時価全額で買い受けると後に抵当権が実行された場合思わぬ損害を蒙るおそれがあります。そこで民法は，主としてこのような場合における第三取得者を保護するため，代価弁済（民377）と滌除（民378以下）の両制度を設けています。

1 代価弁済（民377）

代価弁済とは，抵当不動産を取得した第三者がいる場合，抵当権者と第三取得者との合意によって，売買代価を第三取得者が抵当権者に弁済することにより抵当権を相対的に消滅させる制度です。差押えを要せずして物上代位（民372・304）と同じ効果をあげようとしたものです。

代価弁済があると，そののち，抵当権者は競売することができなくなり，債権額と代価との差額は一般債権として存続します。

2 滌除（民378以下）

(1) 意 義　滌除とは，抵当不動産の所有権・地上権または永小作権を取得した第三取得者がその不動産価額を適宜に評価してこの評価額の弁済によって抵当権を消滅せしめることを抵当権者に要求し，抵当権者がこれを拒絶するには，評価額の10分の1以上の高価にて競落する者がないときは自らその10分の1の増価で競落すべき旨を約束して直ちに競売をなすことを要するとして，第三取得者の地位を保護しようとする制度です。これは，価値権と利用権との調和をめざし，抵当権者を甚しく害しない限度において抵当目的物の利用価値を維持し，その流通を円滑ならしめることを目的とするものですが，現実には，増価買受の責任（民384Ⅱ）にたえない抵当権者をして不本意にその抵当権を失わしめる具に供せられているとして，批判の多い制度です。

(2) 滌除権者　抵当不動産について所有権・地上権または永小作権を取得した者（民378）です。

ここに掲げた者は，抵当権者が競売申立てする以前に（したがって民法381条の通知後でも構わない）現実にその権利を取得した者である限り，登記を経なくても滌除権を取得しますが，その滌除権を行使するためには

Ⅶ その他の法律関係

本登記または仮登記を経由する必要があるとするのが判例の立場です（最判昭39・2・4民集18・2・233）。したがって停止条件付権利者は現に権利を取得した者とはいえないから滌除権者ではありません（民380）。なお，このように本登記又は仮登記を経由した滌除権者に対し，抵当権実行通知（民381）をすることが抵当権実行のための形式上の要件であることは，前記でⅤ2の「1 抵当権実行の要件」（41頁以下）で述べたとおりです。

(3) **滌除の時期と方法** 滌除権者は，抵当権者から民法381条の通知を受けるまでは無制限に滌除をすることができ（民382Ⅰ），また上記通知を受けた時はそれから1か月以内に限って滌除をすることができます（民382Ⅱ）。この1か月は，滌除権を有する全ての第三取得者について一律に計算します。

滌除の方法として滌除権者は，まず民法383条に定める3通の書面を，登記ある各債権者（抵当権者等）に送付し（民383），これを受けた債権者がその送付を受けた後1か月内に増加競売の申立てをしないときは，滌除の書面に示された指定金額を承諾したものとみなされます（民384Ⅰ）。次いで滌除権者は，その金額を債権の順位に従って弁済または供託します（民378）。そうすると，この金額が債権者全員を満足させるに不足であっても，その不動産上の抵当権その他の担保権は全て滌除権者のために消滅します。

(4) **増加競売** 抵当権者が滌除に対抗するためには，増加競売を請求しなければなりません。この競売は，滌除権者の指定した金額より1割以上高く競落する者がいないときには，競売申立人がみずから1割高い代価で買い受ける義務を負う点に特に特色があります。しかし本質は普通の担保権の実行としての競売と異なるものではありません。

増加競売の方法としては，滌除の通知を受けてから1か月以内に，通知をした第三取得者に対して増加競売をする旨の請求をし（民384Ⅱ），次いで請求を発した日から1週間以内に管轄裁判所に競売の申立てをなし（民執法185Ⅰ），かつ執行裁判所の命ずるところにより，滌除権者の指定した金額より1割高い代価に相当する保証を提供しなければなりません（民執法186）。

3 抵当権

この手続は普通の担保権の実行としての競売手続と次の点を除いては差異はありません。すなわち、増価競売を申し立てた債権者は、登記をした他の債権者の承諾を得なければその申立てを取り消すことはできず(民386)、また、売却期日に、滌除権者の指定した金額の１割以上の額に達する買受けの申出がないときは、競売申立債権者が、自ら１割高い代価で買受人となります（民384Ⅱ）。

3 根抵当権の確定

根抵当権の確定とは、ある元本債権が当該根抵当権により担保されることが特定することであり、確定の前後によりその法的性質が著しく異なることは既に述べたとおりです。

1 確定事由と確定の時期

(1) 元本確定期日の到来（民398ノ6）　根抵当権につき元本の確定すべき期日を定めた場合には、その期日の到来した時に確定します。到来前に変更の合意をしても、登記された期日が到来する前に変更の登記をしないとその期日に確定することになります（民398ノ6Ⅳ）。

(2) 元本の確定請求（民398ノ19）　根抵当権につき元本確定期日の定めがないときは、根抵当権設定者は、設定の時から３年を経過した後に、根抵当権者に対する意思表示により、その確定の請求をすることができ（民398ノ19Ⅰ）、上記意思表示到達後２週間を経過した時点において確定の効力が生じます（民398ノ19Ⅱ）。これは、根抵当権が長期に及び設定者がその拘束によって不当な不利益を受けることを救済することを目的としたものです。

なお、確定期日の定めがある場合でも、物上保証の形で根抵当権が設定されかつ債務者の営業状態が急激に悪化して物上保証人の将来の求償権行使に多大の支障を生ずるおそれがあるような場合には、事情変更の原則の適用により、設定者の確定請求を認めねばならない場合も考えられます（最判昭42・1・31民集21・1・43参照）。

(3) 担保すべき債権の範囲の変更・取引の終了その他の事由に因り担保すべ

き元本の生ぜざることとなりたるとき（民398ノ20Ⅰ①）　「担保スベキ債権ノ範囲ノ変更」による場合とは，例えばその変更により特定債権のみを被担保債権の範囲とすることになった場合であり，「取引ノ終了」による場合とは，例えば被担保債権の範囲として定められている「特定の継続的取引契約」または「一定の種類の取引」（民398ノ2Ⅱ参照）が終了した場合です。「其ノ他ノ事由」とは，例えば当事者の合意によって確定せしめる場合とか「特定ノ原因」（民398ノ2Ⅲ）を被担保債権の範囲とした場合にその特定の原因が消滅した場合です。いずれもその事由が発生すると直ちに根抵当権が確定します。

(4)　**根抵当権者が抵当不動産につき競売または物上代位による差押えを申し立てたとき（民398ノ20Ⅰ②）**　「競売」の申立てとは，根抵当権者が，担保権実行として行う競売でも債務名義を得て行う強制競売のいずれでも差し支えありません。これは，物上代位（民372・304）による差押えを含むこれらの申立てがなされた場合は，根抵当権者が根抵当権の実行（取引の終了）を欲したと評価することができるので，根抵当権の流動性を失わしめることにしたのです。これらの申立てがあると，その時点において根抵当権は直ちに確定します。

ただし，申立てがあっても取下げその他の理由で競売手続が開始されずまたは差押えがなされなかったときは，確定しません（民398ノ20Ⅰ②但書）。これに反し競売または差押てが現実に開始されたときは，その後，開始決定が取り消されても確定の効果は残ります。根抵当権者が取引を打ち切る意思を示していると評価することができるからです（なお民398ノ20Ⅱ参照）。

(5)　**根抵当権者が抵当不動産に対し滞納処分による差押えをなしたとき（民398ノ20Ⅰ3）**　根抵当権者が徴税機関である場合に適用されるもので，その趣旨は前記(3)と同様です（国税徴収法47以下等参照）。

(6)　**第三者が抵当不動産につき競売手続または滞納処分を開始したことを根抵当権者が知ったとき（民398ノ20Ⅰ④）**　これは，強制競売・担保権実行としての競売・滞納処分のいずれの場合でも，競落または売却により当該目的物の上に存した根抵当権は全て消滅するのが原則です（これを消除主義という。民執法59Ⅰ・188，国税徴収法124等参照）ので，その前段

階で根抵当権を確定させようとしたものです。根抵当権者が開始の事実を知る手段としては，競売手続を開始した裁判所ないし滞納処分をした徴税機関が職権によりなす通知によります（強制競売につき民執法49Ⅱ，担保権の実行としての競売につき同法188・49Ⅱ，滞納処分につき国税徴収法55，各参照）。そして根抵当権が確定するのは，その事実を知ってから2週間経過後です（民398ノ20Ⅰ④）。

ただし，競売手続開始または差押えの効力がその後消滅したとき（例えばその後競売申立が取り下げられたり，取り消された場合）は，根抵当権は確定しなかったものとみなされます（民398ノ20Ⅱ）。これは，競売等の申立てが根抵当権者の意思に基づくものでなく，かつ，根抵当権者が債務者等に救済融資等をして，競売等の申立の取下げをなさしめる途を閉ざすべきではないとの考慮に基づくものです。

(7) **債務者または根抵当権設定者が破産宣告を受けたとき**（民398ノ20Ⅰ⑤）
この場合は，根抵当権者の申立てか第三者の申立てかを問わず，破産宣告と同時に根抵当権は確定しますが，後にそれが取り消されると原則として確定しなかったことになることは前記(5)と同様です（民398ノ20Ⅱ参照）。

2 確定の効力

確定によって根抵当権により担保される元本債権が浮動性を失って特定し，確定した時点における元本債権のみが当該根抵当権により担保されることになります。注意すべきことは，元本債権が特定するのであって，その元本に対する利息債権・遅延損害金債権は根抵当権確定後に発生するものであって，極度額に余裕がある限り何年分でも，当該根抵当権により担保されることです（なお民398ノ21参照）。この意味で，根抵当権は確定しても普通抵当権に転化したといえないのです。

4 その他の担保物権

I 留置権

1 総　説

1 意　義

　留置権は，他人の物の占有者がその物に関して生じた債権を有している場合に，その債権の弁済を受けるまでその物を留置することのできる担保物権で，法律上当然に発生するもの（法定担保物権）です（民295）。これは，その物の返還を求めようとする債務者たる所有者をして，債務を履行しなければその物の返還を求めることができないとすることによって，債務の支払を心理的かつ間接的に強制し，もって債務者による債務の弁済をより確実にし，その債権の経済的価値を高める作用を有します。したがって，例えば，時計を修繕した時計商は，その修繕料の支払を受けるまではその時計の引渡しを拒むことができ，また賃借人は，賃借物に加えた必要費の償還を受けるまでは賃借物を留めておくことができますが，これらの留置的権利は，時計修理代金債権または必要費償還請求権がより確実にその弁済が受けられるようにする働きを有するものです。民法がこのような権利を認めたのは，ひとえに公平の原則に基づくものです。つまり，他人の物の占有者がその物に関する債権を有する場合に，その債権の弁済を受ける前に自分だけその物の占有を相手方に回復しなければならないとすることは，公平に適するものではないからです。

図31 留置権と同時履行の抗弁権

```
       売買
    A ──────→ B
   (売主)    (買主)
       ⇓
```

```
  ┌  売買契約に基づく引渡請求
  │  ○ B ──────────────→ A
  │            B ←------------- A
  │                同時履行の抗弁権
  ┤  所有権に基づく引渡請求
  │  ○ B ──────────────→ A
  └
              B ←------------- A
                  留置権の抗弁
```

2　同時履行の抗弁権との異同

 1　留置権と極めて類似する権利に同時履行の抗弁権（民533）があります。例えば売買という双務契約においては，売主は代金の提供があるまで目的物の引渡しを拒絶することができ，また，買主は目的物の提供があるまで代金の支払を拒絶することができますが，これは，1個の双務契約から生ずる対立した債務の間に，1つの債務が履行されるまでは他の債務も履行されなくてよいという履行上の牽連関係を認めようとする制度であって，公平の原則に基づくものです。そこで，この両者を比較してみますと，留置権も同時履行の抗弁権もともに両当事者間の公平を図ろうとするのがその存在目的であること，および，ともに法律が認めた一種の履行拒絶権能であって，訴訟において留置権または同時履行の抗弁権が現実に行使されると，その判決主文はいずれも引換給付の判決になるという点で共通性を有しています（ただしこの抗弁は，後記「4　効力」の「1　留置的効力」（94頁）で詳述するとおりいわゆる権利抗弁であって，権利者がこの抗弁権を行使する旨を法廷で主張しない限り，裁判所は判決において斟酌することができません）。

 これを図31を基に説明しますと，買主Bが売主Aに対して目的物（甲土地）の引渡しを訴訟上請求してきた場合，売主Aは，買主Bが売買契約に

基づく債権的請求権の行使として請求してきたときは同時履行の抗弁権を，買主Bが売買契約により取得した所有権に基づき物権的請求権の行使としてこの請求をしてきたときは留置権の抗弁を，それぞれ行使することになります。

2 しかし，留置権が独立の物権であるのに対し，同時履行の抗弁権は特定の債務者に対する履行拒絶権能とされていることから，両者には次のような差異があります。

すなわち，(i)留置権は物権として何人に対してもこれを行使することができるのに対し，同時履行の抗弁権は契約の相手方に対してしか行使できない。(ii)留置権によって拒絶しうる給付は物の引渡しに限られるのに対し，同時履行の抗弁権によって拒絶しうる給付には制限がない。(iii)留置権によって保護される債権は，契約に基づく場合に限らず，事務管理・不当利得・不法行為に基づく場合でもよいのに対し，同時履行の抗弁権によって保護される債権は，原則として，双務契約に基づく債権またはこれに準ずる場合（例えば民546・553）に限られる。(iv)留置権は，果実収取権（民297）・債務者の承諾があった場合の留置物使用権（民298Ⅱ）などの，単なる履行拒絶権能以外の権能をも有するのに対し，同時履行の抗弁権は，履行拒絶権能以外はこれを有しない。

2 法的性質

1 物権性

留置権は，被担保債権の弁済を受けるまで他人の物の占有者がその物の引渡しを拒絶することをもってその本体的効力とする権利ですが，民法はこれを単なる履行拒絶権能とせずに，その占有物の交換価値を上の意味において直接把握する独立の物権としました。したがって，留置権は単に債務者に対してのみでなく，その物の譲受人などの第三者に対しても対抗することができます（最判昭47・11・16民集26・9・1619参照）。

しかし，占有を失えば留置権は消滅します（民302）から，留置権に基づく物権的請求権はなく（占有回収の訴えが可能であることは別論です），また留置権は，物の占有とともに終始する権利ですから，不動産の上に成

立する場合でも登記はその対抗要件としない（不動産登記法1参照）という点で、いずれも留置権の物権性は他の物権のそれと比して特異性を有します。

2　担保物権性

留置権は、目的物の交換価値を直接に支配する物権たる担保物権の一種として、次のような性質があります。

1　**付従性がある**　　留置権は、債権が発生しなければ発生せず（成立における付従性）、債権が消滅すれば消滅します（消滅における付従性）。現実の債権のないところに留置権だけを認める必要性はないからです。

2　**随伴性がある**　　留置権は、被担保債権が移転すれば、留置権もこれに伴って移転します。随伴性を否定する見解もかつては存在しましたが、目的物に牽連する債権それ自体が留置権によって保護されているのですから、この債権が移転し目的物の占有もこれとともに移転する限り（留置権は目的物の占有と終始する権利ですから、占有が移転しなければ留置権は消滅します）、留置権はこの債権に随伴すると解すべきでしょう。

3　**不可分性がある**（民296）　　留置権者は、被担保債権の全部の弁済を受けるまでは、目的物全部を留置することができます。

4　**物上代位性はない**　　留置権は、目的物を留置することをもってその本体的効力となし、優先弁済を受ける効力はこれを有しないから、物上代位性はないと解されます。

3　成立要件

留置権は、前述のように、一定の要件の存する場合に、法律上当然に発生する担保物権（法定担保物権）であって、当事者間の合意によってこれを設定する約定担保物権ではありません。

留置権が成立するための要件としては、⒤他人の物を占有していること、ⅱその物に関して生じた債権を有すること、ⅲその債権が弁済期にあること、ⅳその物の占有が不法行為によって始まったものでないこと、がそれぞれ必要です（民295）。

1 他人の物の占有（民295Ⅰ本文）

他人の物とは，留置権者が所有していない物ということですが，その「他人」は，必ずしも被担保債権の債務者である必要はなく，民法295条が「物に関して生ずる債権」であることを要件としていることから，債務者以外の第三者が所有する物についても留置権の成立を認めるべきでしょう。

2 その物に関して生じた債権（民295Ⅰ本文）

民法上の留置権が成立するためには，「其物ニ関シテ生シタル債権」が必要です。この文言の意味は，文理上からは必ずしも明らかでありませんが，通常，(i)「債権が目的物自体から生じたとき」，および(ii)「債権が物の返還請求権と同一の法律関係または同一の生活関係から生じたものであるとき」に，債権と物との関連があるとされています。

1 債権が目的物自体から生じたとき 目的物自体から生ずる債権という表現も明確でありませんが，(i)その物に加えた費用の償還請求権や，(ii)その物によって受ける損害賠償請求権が，その例として考えられます。

(1) その物に加えた費用の償還請求権 例えば，Aが所有権等の本権を有する物についてBが占有していたとき，あるいはAがその物をBに賃貸していたときにおいて，Bがその物に必要費または有益費を支出したときは，BはAに対し，それぞれ費用償還請求権を有します（民196・608）。この場合，その請求権はその物の価値を増加させたことのいわば対価ですから，その物に関して生じた債権であるということができます。したがって，Aからその物の引渡請求をうけたときは，Bは必要費等の支払を求めてその物に留置権を行使することができます。

(2) その物によって受ける損害賠償請求権 例えば，AがBにある物を預けていたところ，その物に瑕疵があったためBに損害を与えた場合には，BはAに対し損害賠償を請求することができます（民661）。この請求権は，いわばその物の存在によって生じた損害を塡補する性質を有しますから，その物に関して生じた債権であるということができ，したがって，Aからその物の引渡請求を受けたときは，Bは同債権につきその物に留置権を行使することができます。

4 その他の担保物権

　2　債権が物の返還請求権と同一の法律関係または同一の生活関係から生じたとき

　(1)　物の返還請求権と同一の法律関係から生じた債権　例えば，AがBにある物を売却した場合において，AのBに対して有する売買代金債権は，BのAに対して有する物の引渡請求権と同一の契約関係から生じた債権ですから（最判昭和47・11・16民集26・9・1619），Bからその物の引渡請求を受けたときは，Aは売買代金債権につきその物に留置権を行使することができます。また売買契約が履行された後に何らかの理由で取り消されまたは解除された場合あるいは同契約が無効であることが判明した場合においても，AがBに対し物の返還を請求するときは，Bの有する代金返還請求権（不当利得返還請求権）は，物の引渡請求権と売買契約の取消・解除あるいは無効という同一の法律関係から生じた債権ということができますから，Aから物の引渡請求を受けたときは，Bは代金返還請求権の支払を求めてその物に留置権を行使することができます（なお，いずれの場合も，同時履行の抗弁権を適用ないし類推適用することができます）。

　(2)　物の返還請求権と同一の生活関係から生じた債権　例えば，AB 2人が互いに傘を取りちがえて持ち帰った場合に，お互いに相手方に対し所有権に基づき傘の返還請求権を有します。この場合は傘の返還請求権の性質は債権でなく物権的請求権ですが，それぞれの傘の返還請求権は同一の生活関係から生じたものということができ，したがって，ABはお互いに自己の傘の返還を受けるまでは相手方の傘につき留置権を行使することができます。

　3　なお，「物自体を目的とする債権に代わる損害賠償債権（塡補賠償債権）」は，「其の物に関して生じた債権」ではないことに注意する必要があります。

　これは，例えば不動産の二重売買において，第二の買主のために所有権移転登記がなされた場合，第一の買主は売主に対し，不動産の引渡しに代わる損害賠償債権を取得します（最判昭35・4・21民集14・6・930）が，この場合，第一の買主が第二の買主から所有権に基づく上記不動産の引渡請求を受けても，損害賠償債権をもって不動産を留置することは

できない（最判昭43・11・21民集22・12・2765）ということです。その理由は，「物自体を目的とする債権」は，債権者が権利の内容たる行為を物に対して行使することによって直接に弁済を受ければ十分であって（この例で言えば，第一の買主は売主から目的物の引渡しを受ければ足りる），目的物を留置することによりその債権の弁済を担保するという問題を生じないものですが，その債権がその後損害賠償債権に変化したからといって，前述した物と債権の牽連についての基本的性質は何ら影響を受けないと考えられるからです。また，仮にこの賠償債権につき留置権の成立を認めると，本来，物の引渡しを求める者に対しては対抗できない債権について（前記例において，損害賠償債権請求権は，売主に対してのみ行使できるのであって，第二の買主に対してはこれをすることができない），事実上，対抗できる結果になるという不都合が生じることになってしまいます。

3　債権の弁済期到来（民295Ⅰ但）

抵当権・先取特権・質権は，いずれも目的物の交換価値を把握してこれを弁済に充てることができる権利ですから，被担保債権が弁済期にあることは優先弁済権を行使する要件にすぎませんが，留置権は，目的物の引渡しを請求する者に対してこれを拒絶することだけを内容とするものですから，被担保債権が弁済期にないときはその支払を求めて物の引渡請求を拒絶することができず，したがって留置権そのものが存在しないことになります。

なお，民法は有益費償還請求権につき期限を許与する制度を定めています（民196Ⅱ但書・608Ⅱ但書）が，これは，その請求権につき留置権を失わせることを意味します。

4　占有が不法行為によって始まったものでないこと（民295Ⅱ）

1　これは，不法行為によって占有を取得した者にまで，留置権を認めてその債権を保護することは，留置権が公平の原則に立脚する制度であることからして，不当だからです。したがって，例えば，盗人がその盗品に修繕を加えても，留置権は取得しません。

2　判例はこの趣旨を拡張し，正当に始まった占有がその継続中に不

4 その他の担保物権

法なもの（不法占拠）となった場合には，占有者が占有権原なきことを知っていた場合のみならず，過失によりそれを知らなかった場合にも，その後に生じた債権については留置権は成立しないとしています。例えば，建物の賃借人が債務不履行により賃貸借契約を解除されたのち，建物を不法に占有する間に有益費を支出しても，民法295条2項の類推適用により，費用償還請求権につき建物に留置権を行使することはできないとされています（最判昭46・7・16民集25・5・749等）。

3　なお，適法に留置権を行使して物を占有しているうちに支出した費用についての償還請求権については，その占有は適法ですから，留置権を行使することができることは当然です（民法299条は，留置権者は留置物に加えた一定の費用について償還請求をすることができるとしています）。

4　効　　力

1　留置的効力（民295）

1　留置権の本体的効力をなすのは，債権の弁済を受けるまで物を留置することができる効力（留置的効力）です。この留置権は物権ですから，留置的効力は，同時履行の抗弁権と異なり，第三者に対しても主張することができ，具体的には次のような形になって現われます。

2　(1)　所有者からの留置物引渡請求訴訟において留置権が行使された場合（この場合，留置権の抗弁はいわゆる権利抗弁ですから，留置権の発生する事実関係が訴訟上主張されたとしても，権利者たる被告においてその権利を行使する意思を表明しない限り，裁判所においてこれを斟酌することはできない＝最判昭27・11・27民集6・10・1062），裁判所はその引渡請求を棄却することなく，その債務者からその弁済を受けるのと引換えに物の引渡しを命ずる判決（いわゆる引換給付の判決）をします（最判昭47・11・16民集26・9・1619，同昭33・3・13民集12・3・524，同昭33・6・6民集12・9・1384）。

(2)　留置物が民事執行法に基づく競売に付せられた場合，留置権者は被担保債権の弁済を受けるまでは，買受人（競落人）に対し，留置物の引渡しを拒むことができます。

2 競売権

担保権実行としての競売は、任意競売ともいわれ、強制競売のように国家の公権力によって財産権を債務者から取り上げて買受人に付与するものではなく、私法上の権利である担保物権の効力として財産権の移転を行うものであり、競売手続はこの私権の実行を国家が代わって行うにすぎないものですが、留置権の効力の中にこのような競売権も包含するでしょうか。これにつき、否定説もありますが、旧競売法3条・22条を受けた民事執行法195条が留置権者は任意競売申立権者であると明言していること、および競売権を認めないと留置権者がその債権の弁済を受けないまま長く目的物を留置しなければならなくなる不便が生ずることがある等の理由から、留置権の効力には競売権も包含されると解されます（大判昭8・12・21判決全集4・16）。競売実務の多くも肯定説に従っています。

図32は、留置権に基づく動産競売申立書の記載例です。

3 その他の効力

1 留置物の保管義務（民298）

(1) 留置権者は、自己の利益のために他人の物を占有するのですから、その物の保管に当たっては善良なる管理者の注意を払わなければなりません（民298Ⅰ）。また留置権は目的物の引渡しを拒絶する権能を中核とする権利ですから、その使用・賃貸など留置権者の利益のために利用することは、原則として許さるべきでなく、留置権者は、物の保存に必要な使用を除いては、所有者の承諾なくして目的物の使用もしくは賃貸をなしまたはこれを担保に供することはできません（民298Ⅱ）。さらに、留置権者がこの2つの義務に違反したときは、その制裁として、債務者または所有者は、留置権者に対し留置権消滅請求をすることができます（民298Ⅲ）。

(2) ところで、借家人または借地人等が、賃貸借関係終了後、必要費または有益費償還請求権等を担保するために家屋または土地等を留置する場合、借家人または借地人等が従前どおりその目的物の使用を継続することができるでしょうか。

4 その他の担保物権

図32 留置権に基づく動産競売申立書

動産競売申立書	受付印
○○地方裁判所 執行官 御中	
平成 ○ 年 ○ 月 ○ 日	予納金 30,000　担当　　区

(〒　　　) 住　所　東京都○○区○○1丁目2番3号
　　　　　債権者　Aオート株式会社
　　　　　　　　　代表取締役　甲　野　一　郎　㊞

(〒　　　) 住　所　東京都○○区○○1丁目2番3号
　　　　　代理人　Aオート株式会社
　　　　　　　　　社員　　　　内　野　三　郎　㊞

(〒　　　) 住　所　東京都○○区○○3丁目4番1号
　　　　　債務者　　　　　　　乙　野　二　郎

(〒　　　)

(〒　　　)

担保権　留置権（修理代金）
被担保債権
　　　　　　　金　　　234,500　　円（内訳別紙の通り）

　　　　　　　　　　　連絡先　電話　○○○局　△△△△番
　　　　　　　　　　　　　　　　　　（担当者　某　）

目 的 物

種　類　　　（数　量）	所　在　す　る　場　所
自　動　車　　　　1台	東京都○○区○○1丁目28番5号　Aオート株式会社

添付書類
1　差押承諾証明書　　　　　　　1通
2　資格証明書　　　　　　　　　1通
3　委　任　状　　　　　　　　　1通
4　自動車登録抹消証明書　　　　1通
5　自動車整備作業書　　　　　　1通
6　修理代金請求書　　　　　　　1通
7　上　申　書　　　　　　　　　1通

1　執行の立会い
　　㊗ ・ 無
2　執行の日時
　　○ 月 ○ 日希望
3　上記の通知
　　㊗ ・ 否

執行調書謄本　(債権者)・(債務者) へ交付申立

〈以下，略〉

Ⅰ 留置権

　これにつき判例は，この使用が許されるか否かはもっぱら「物の保存に必要なる使用」に該当するか否かによりこれを決しています。例えば借家の場合，従前どおり居住することは，もし家屋を空家としあるいは番人をつけて保管させるとさらに保管費等を要し所有者の負担を増加する不利益があるのみでなく，家屋の保存上からも特別の事情のない限り留置権者が従前のように居住使用するのが適切だからとして，居住はいわゆる留置物の保存に必要な使用であるとします（大判昭10・5・13民集14・876等）。これに反し借地人が留置地上の建物を従前と同じく第三者に賃貸することは，留置権によって担保される債務が弁済されても直ちに土地を明け渡すことができなくなるおそれがあるとして，賃貸は民法298条2項の必要な使用の程度をこえるとします（大判昭10・12・24新聞3939・17）。また，木造帆船を留置する場合，従前どおり運送業務に従事させて遠距離を航行させ運賃収益を得ることは，航行の危険性等からみて，留置権者に許された留置物の保存に必要な使用の限度を逸脱しているとします（最判昭30・3・4民集9・3・229）。

　なお，借家人などが従前どおりの使用することが物の保存に必要な使用あるいは留置の態様として許されるとしても，その使用利益が不当利得を構成しこれを留置物所有者に返還すべきことになることは当然です。

　(3)　保管義務違反による留置権の消滅請求（民298Ⅲ）　これは，留置権者が民法298条1項・2項の保管義務に違反した場合に，その制裁として認められるもので，法文は「債務者」にその権利があるとしますが，債務者のみならず所有者にもその権利があります（最判昭40・7・15民集19・5・1275）。また，一度違反行為があれば，その行為の終了した後でも，また損害が生じたかどうかを問わずに，消滅請求が認められます（最判昭38・5・31民集17・4・570）。

2　果実収取権およびその優先弁済権（民297）

　(1)　留置権者は留置物から生ずる果実を収取し，他の債権者に先だってこれをその債権の弁済に充当することができます（民297Ⅰ）。これは，留置権者が善良なる管理者の注意をもって留置物を占有しなければならないことのいわば対価として認められているもので，ここにいう果実は天然果実と法定果実の双方を含みます。不当利得として返還すべき使用

利益も，果実に準じて，優先的にその債権に充当することができます(大判大7・10・29新聞1498・21)。

(2) 収取せられた果実はまず利息に充当され，次いで元本に充当されます(民297Ⅱ)。

3 費用償還請求権（民299） 留置権者は，留置物について加えた必要費と有益費とを所有者から償還させることができます。ただし，必要費は支出した全額ですが(民299Ⅰ)，有益費は，その価格の増加が現存する場合に限り，所有者の選択に従い，その支出した金額または増加額に限られ，しかもこの有益費の償還については，裁判所は所有者の請求によって相当の期限を許与することができます(民299Ⅱ)。このときは，弁済期到来という要件を欠くに至りますから(民295Ⅰ但書)，この有益費については留置権を行使することができません。

なお，物の保存に必要な範囲をこえる使用に基づく費用であっても，必要費・有益費であるかぎり，本条により償還請求することができます(最判昭33・1・17民集12・1・55)。

5 消　滅

留置権は物権ですから目的物の滅失・収用および混同等の物権一般の消滅事由により，また担保物権でもあることから被担保債権の消滅等の担保物権一般の消滅事由により，各々消滅しますが，留置権に特有な消滅事由もいくつか存在します。

1 被担保債権の消滅時効

被担保債権の時効消滅により留置権も消滅しますが，これに関連して注意すべきことは，留置権の行使は債権の消滅時効（民167Ⅰ等）の進行を妨げないことです(民300)。これは，留置権者が目的物を留置していることは，被担保債権の弁済がないために引渡しを拒絶しているのだとみることができるとしても，それによって被担保債権そのものを行使しているとはいえないからです。

しかし，単に留置物を占有するにとどまらず，所有者の引渡請求の訴

訟において留置権者が被担保債権および留置権の存在を主張して引渡しを拒否する抗弁を提出することは，訴訟上で債権の存在が主張された場合の一例とみて，訴訟の係属中は中断の効力を有し，訴訟の終結後6か月以内に訴えの提起その他の強力な手段をとることによってこの中断の効力を維持することができます（いわゆる裁判上の催告。最判昭38・10・30民集17・8・1252）。

2 留置権に特有の消滅原因

1 **占有の喪失（民302）** 留置権は物の留置を本体とする権利であるからです。ただし，所有者の同意を得て賃貸または質入れをした場合には，直接占有を失うが，代理人による占有（間接占有）はこれを有していますから，ここにいう占有の喪失ではありません。また，占有物の所持を失った場合でも，占有回収の訴えによりこれを回収したときは留置権が消滅しない（民203但書参照）ことは当然です。

2 **代わり担保の供与（民301）** 留置権によって担保される債権の額は，目的物の価格に比較して僅少な場合もありますが，このようなときは，債権額相当の担保を供して留置権を消滅させることができるとすることが公平に適するからです。

なお，新担保は留置権者の承諾がなければ成立しませんので，留置権者が承諾しないときは，債権額相当の担保を提供して留置権者にその承諾請求（民414Ⅱ但書）をするほかありません。

3 **留置権者の義務違反による消滅の意思表示（民298Ⅲ）**

II 先取特権

1 総説

　先取特権とは，法律の定める一定の債権を有する者が，債務者の総財産・特定の動産または特定の不動産につき，他の債権者に優先してその債権の弁済を受けうる担保物権のことで，法律上当然に発生するもの(法定担保物権)です。これは，債権には債権者平等の原則が適用され，債務者の総財産がその総債務額を満足せしめるに足りないときは，各債権者はその債権額を按分比例して分配を受けることができるにとどまりますが，先取特権の制度は，法律が一般の債権に比較して特に保護すべき一定の債権を指定して，その債権者に他の債権者に優先してその弁済を求めうべき特別の効力を付与したものです。例えば雇人はその給料債権については雇主の総財産から(民308)，旅店主はその宿泊料債権については旅客の手荷物から(民317)，他人の工事をした請負人はその費用の債権についてその工事不動産から(民327)，それぞれ他の債権者に先だって弁済を受けることができます。

　このような権利が，優先債権としてではなく担保物権として構成されているのは，他の債権者による執行手続や債務者の破産手続等において受動的に優先的弁済を受けうるにとどまらず，みずから進んでその目的物を競売することができることにするためです。

2 法的性質

1 物権性

　先取特権は，どの種類の先取特権でも，債務者が先取特権により保護される債務の弁済をしないときは，先取特権者がみずから進んでその先取特権の目的物を競売し，その売却代金から優先的弁済を受けることができる（民303，民執法181・190・193）という点において，質権や抵当権と同じく，目的物の交換価値を他人の行為の介在なしに支配する物権とい

うことができます。

しかし、一般先取特権(民306)は「物権の客体は特定の有体物である」という原則に反して債務者の総財産(その中には有体物でない債権も当然含まれる)がその権利の客体ですし、また動産先取特権はその物が第三取得者に引き渡されるともはや先取特権の効力はその物の上に及ばなくなり(民333)、しかも先取特権者は、この譲渡・引渡しを阻止する権利を持たず、さらに、同一の物の上に成立した数個の先取特権の相互間の順位および先取特権と他の物権との間の効力の優劣は、物権一般の共通原則たる成立または登記の順序によらずに、法律の定める順序によるとされている(民329ないし332)などの点で、その物権性は稀薄です。

2　担保物権性

先取特権は、目的物の交換価値を直接に支配する物権たる担保物権の一種として、次のような性質を有します。

1　**付従性がある**　すなわち留置権の場合と同じく、現実の債権のないところに先取特権だけが存在することはありません。

2　**随伴性がある**　すなわち、被担保債権が移転すれば、先取特権もこれに伴って移転します。

3　**不可分性がある**(民305・296)　すなわち、先取特権は、当該債権の全部の弁済を受けるまでは目的物の全部について競売する権利を有します。

4　**物上代位性がある**(民304)　物上代位性とは、既に抵当権について述べたとおり、担保物権の目的物が売却されて代金に変わり、賃貸されて賃料を生じ、滅失・毀損によって保険金等に変わった場合に、その担保目的物の交換価値が具体化したものである売却代金・賃料・保険金等の上に担保物権の効力が及ぶという性質であって、いわゆる優先弁済的効力を有する先取特権・質権・抵当権などにみられる性質です。

先取特権に特徴的な事項としては、まず一般先取特権は、債務者の特定の財産の上にではなく、債務者の総財産の上に成立するので、物上代位の観念をいれる余地がなく、物上代位性を有するのは、動産先取特権および不動産先取特権のみであるということです。また、不動産の先取

4 その他の担保物権

図33 動産売買の先取特権（物上代位）に基づく債権差押命令

平成何年（ナ）第×××号

債 権 差 押 命 令

当 事 者　　別紙目録のとおり

担　保　権 ⎫
被担保債権 ⎬　別紙目録のとおり
請　求　債　権 ⎭

1　債権者の申立てにより，上記請求債権の弁済に充てるため，別紙担保権目録記載の動産売買の先取特権（物上代位）に基づき，債務者が第三債務者に対して有する別紙差押債権目録記載の債権を差し押さえる。

2　債務者は，前項により差し押さえられた債権について取立てその他の処分をしてはならない。

3　第三債務者は，第1項により差し押さえられた債権について債務者に対し弁済をしてはならない。

平成 何 年 何 月 何 日

○○地方裁判所民事第○○部

裁　判　官　　甲　野　一　郎

特権は，登記すれば第三取得者に対抗することができるので，不動産先取特権につき物上代位を認める実益は少ないのですが，動産の先取特権は，これを目的物の引渡しを受けた第三取得者に追求することができない（民333参照）ので，動産先取特権についてはその売却代金債権につき物上代位を認める実益が大きいといえます。

図33は，動産売買の先取特権（民311Ⅵ・322）を有する債権者が，その物上代位権の行使として売却代金債権の差押えを申し立て，これが認容された場合の書式例です。

3 種類と要件

民法の認める先取特権は，一定の要件の存する場合に法律上当然に発生する担保物権（法定担保物権）で，当事者間の合意によってこれを設定することはできないものです。先取特権は，債務者の総財産を目的とする一般の先取特権，特定の動産を目的とする動産の先取特権，及び特定の不動産を目的とする不動産の先取特権に分けられます。

1 一般の先取特権

1 **共益費用の先取特権**（民306Ⅰ・307）　被担保債権は，各債権者の共同の利益のためにした，債務者の財産の保存・清算または配当に関する費用債権です（民307Ⅰ）。これらの費用は，各債権者が債務者の財産につきその権利を実行するために必要欠くべからざるものですから，何人がこれを支出しても，その費用につき他の債権者に先んじて弁済を得せしめることが，当事者間の公平の理想に適するからです。ここに財産の保存とは財産の現状を維持する行為（例えば，民法423条・424条にいう債権者代位権または債権者取消権の行使），清算とは財産関係の整理（例えば，債務者の財産の換価，債権の取立など），配当とは財産を債権者間に分配する行為をいいます。ただしこの費用中，総債権者に有益でなかったものについては，先取特権はその費用のため利益を受けた債権者に対してのみ存在します（民307Ⅱ）。

2 **雇人給料の先取特権**（民306Ⅱ・308）　債務者の雇人が受けるべき

給料債権については，最後の6か月間に限り，先取特権が存在します(民308)。雇人の給料はその労働の対価として直ちに生活資料に充てられるべきものですから，社会政策的配慮からこれに優先権を付与したものです。ここにいう「雇人」とは，番頭・手代などの家族的労働者に限らず，広く雇傭契約によって労務を提供する者をいうし(最判昭47・9・7民集26・7・1314)，また雇人の退職金債権も，給料の後払い的性格を有するものは，最後の6か月間の給料相当額に限り先取特権の対象となります(最判昭44・9・2民集23・9・1641)。

　3　葬式費用の先取特権（民306Ⅲ・309）　ある者（債務者）が死亡してその身分に応じた葬式が営まれた場合，その葬式費用債権についてはその者の遺産の上に(民309Ⅰ)，債務者が扶養すべき親族が死亡してその身分に応じた葬式が営まれた場合その葬式費用債権については債務者の総財産の上に(民309Ⅱ)，それぞれ先取特権が存在します。これは，国民各人が葬式をすることを容易ならしめ，もって国民道徳を維持するという社会政策的配慮ないし公益的理由に基づくものです。

　4　日用品供給の先取特権（民306Ⅳ・310）　債務者またはその扶養すべき同居の親族等の生活に必要な最後の6か月間の飲食品および薪炭油の代金債権については，先取特権が存在します(民310)。これは，飲食品および薪炭油は人の生活を維持するに欠くべからざるものですから，これを供給した債権に優先権を与えることによって，間接的に資力薄弱な者の生活を保護しようとする社会政策的配慮ないし公益的理由に基づくものです。以上のような立法理由ですから，この場合の「債務者」は自然人に限られ，法人は含まれません（最判昭46・10・21民集25・7・969）。

2　動産の先取特権

　1　不動産賃貸の先取特権（民311Ⅰ・312ないし316・319）　不動産の賃貸借がなされた場合，その不動産の借賃その他賃貸借関係から生じた賃借人の債務につき，賃借人の動産の上に先取特権が存在します（民312)。これは，家主と借家人とが暗黙のうちに，借家人の持ち込む家具調度をもって賃貸借債務の担保とする合意をしたであろうことを考え，こ

れに担保的効力を認めた,いわば当事者の意思の推測に基づくものです。この場合,不動産の借賃その他賃貸借関係から生じた債務の全額が担保されます（民312）が,破産・法人の解散・相続の限定承認など債務の財産の総清算の場合は,他の債権者の保護のため,借賃その他の債務については,総清算の時を基準として,前期・当期および次期の分についてのみ（前期・当期・次期とは,賃料支払の標準とされる月・年などの期間を単位とする）,損害賠償債権については前期と当期の分についてのみ,それぞれ先取特権を行使することができるにすぎません（民315）。また,賃貸人が敷金を受け取っていた場合には,敷金はそもそも賃借人の負担する債務の担保として予め授受される金銭でまずそれから弁済に充てられるべきですから,敷金をもって弁済を受けられない債権の部分についてのみ先取特権を行使することができます（民316）。

2 旅店宿泊の先取特権（民311Ⅱ・317・319） 旅客・その従者および牛馬の宿泊料ならびに飲食料については,その旅店に存する旅客の手荷物の上に先取特権が存在します(民317)。これは,旅店主と旅客者が,暗黙のうちにその手荷物をもって債務の担保とする合意をしたであろうことを考え,これに担保的効力を認めたいわば当事者の意思の推測に基づくものです。なお,この先取特権にも即時取得に関する規定の準用があります（民319・192）。

3 運輸の先取特権（民311Ⅲ・318） 旅客または荷物の運送賃および付随の費用については,運送人の手に存する債務者の荷物の上に先取特権が存在します(民318)。この立法理由も前二者と同じく当事者の意思の推測に基づくものであり,また即時取得の準用があります（民319・192）。

4 公吏保証金の先取特権（民311Ⅳ・320） 保証金を供した公吏の職務上の過失によって生じた債権については,その保証金の上に先取特権が存在します(民320)。これは,公吏の不法行為による被害者の損害賠償債権につき先取特権を認め,被害者を保護しようとする公益的理由に基づくものです。例えば公証人法により公証人が保証金を国に納付した場合（公証人法19）がこれに該当します。しかし今日においては,公吏の職務上の不法行為につき,国家賠償法が適用されるので,本条が適用され

る場合はほとんどなく（国家賠償法が適用されて国または公共団体がその賠償責任を負うときは，公吏個人に対する損害賠償を認めないのが多数説です），僅かに国が当該公吏から直接に損害を蒙った場合と，私人に対して賠償をした国が当該公吏に対して求償権を行使する場合（国家賠償法1 II）とにおいて，国の当該公吏に対する債権を担保するという意義を有するにとどまります。

なお法文は，保証金の上に先取特権が成立するごとく規定していますが，正確には保証金返還請求権の上に先取特権が成立すると解されます。

5　**動産保存の先取特権**（民311V・321）　動産自体の保存費用（民321I）・動産に関する権利の保存・追認または実行のために要した費用（民321II）については，その動産の上に先取特権が存在します。これは，共益費用の先取特権と同じく，当事者間の公平に適するからです。ここに権利の保存とは，債務者の所有物が第三者によって時効取得されようとするのを中断することなどであり，権利の追認とは，債務者の所有物を占有する第三者をして債務者の所有権を承認させることなどであり，権利の実行とは，第三者から債務者に返還させることなどです。

6　**動産売買の先取特権**（民311VI・322）　動産の売却代価およびその利息につき，その動産の上に先取特権が存在します（民322）。これも共益費用の先取特権と同じく，当事者間の公平に適するからです。なお動産を買主に引き渡すまでは，売主は留置権と同時履行の抗弁権を併せ有しますから，この先取特権の実益があるのは，主として動産の引渡後です。

7　**種苗肥料供給の先取特権**（民311VII・323）　種苗または肥料の代価およびその利息については，その種苗または肥料を用いた後1年内にこれを用いた土地から生じた果実の上に（民323I），蚕種または蚕の飼養に供した桑葉の代価およびその利息についてはその蚕種または桑葉から生じた物の上に（民323II），それぞれ先取特権が存在します。これは当事者間の公平と農業振興という産業政策に由来します。

8　**農工業労役の先取特権**（民311VIII・324）　農業労役者の賃金については最後の1年間，工業労役者の賃金については最後の3か月間の分について，各々，その労役によって生じた果実または製作物の上に先取特権が存在します（民324）。これは，当事者間の公平と，賃金保護という社

会政策的配慮に基づくものです。なお、これらの労務者はこの外に一般の先取特権たる雇人給料の先取特権（民308）も有します。

3 不動産の先取特権

1 不動産保存の先取特権（民325Ⅰ・326） 不動産自体の保存費用（民326Ⅰ）・不動産に関する権利の保存・追認または実行のために要した費用（民326Ⅱ）については、その不動産の上に先取特権が存在します。これも共益費用の先取特権と同じく、当事者間の公平に適するからです。この先取特権は、保存行為完了の後直ちに登記をしなければ第三者に対抗することができず(民337)、またそれに従って登記をすれば先順位の抵当権にも優先します（民339）。

2 不動産工事の先取特権（民325Ⅰ・327） 工匠・技師および請負人が債務者の不動産に関してなした工事費用につき、その工事によって生じた不動産価額の増加が現存する限り、その不動産の増加額につき先取特権が存在します（民327ⅠⅡ・338Ⅰ但書）。これは、現実に不動産価額を増加せしめた債権につき、その増加分に限って優先権を認めるのが当事者間の公平の理想に適するからです。ここに「工匠」とは、大工・左官・庭師等工事に必要な労役に直接に従事する者をいい、「技師」とは工事の設計・監督をする者をいい、「請負人」とは、工事の完成を引き受けた者をいいます。この先取特権は工事着手前に予算額の登記をしなければ第三者に対抗することができず(民338Ⅰ)、また、それに従って登記をしたときは先順位抵当権にも優先します（民339）が、工事着手前の登記を要しますから、工事着手後に不動産保存の先取特権の名目で登記をしても民法338条1項の要件を充たしたとはいえません。また「不動産の増加額」は、配当の時裁判所の選任する鑑定人に評価させて定めます（民338Ⅱ）。

3 不動産売買の先取特権（民325Ⅲ・328） 不動産の売却代価およびその利息につき、その不動産の上に先取特権が存在します(民328)。これも共益費用の先取特権と同じく、当事者間の公平に適するからです。なお、この先取特権は、売買契約と同時に（つまり売買による所有権移転登記とともに）、未だ代価またはその利息の弁済がない旨を登記しなければ第

三者に対抗することができません（民340）が，その登記をしても先順位抵当権者に優先することはありません（民339参照）。

4　効　　力

1　優先弁済的効力（民303）

　1　総　説　　先取特権は，前述したように，法律の定める一定の債権を有する者が，債務者の財産につき他の債権者に優先して自己の債権の弁済を受けることのできる権利ですが，その本体的効力をなすのが，債務者の財産につき他の債権者に先立って自己の債権の弁済を受けることのできる効力（優先弁済的効力）です。この効力の具体的内容は，先に述べた抵当権と基本的に同一です。

　すなわち先取特権者は，被担保債権の弁済期が到来している限り，一般の先取特権ならば債務者の有する動産・不動産・債権その他の財産権を，動産先取特権ならば債務者の有する動産を，不動産ならば債務者の有する不動産を，それぞれ民事執行法によってみずからこれを競売し，もって優先弁済を受けることができます（民執法181・190・193）。なお，目的物が動産である場合は，債権者が目的物を執行官に提出したとき又は動産の占有者が差押えを承諾することを証する文書を提出したときに限り競売が開始されます（民執法190）

　2　配当における一般先取特権の特則（民335）　　一般先取特権は，みずから競売申立てをなす場合あるいは先行する競売手続に参加するいずれの場合においても，その配当を受けるに当たっては，債務者の財産の種類に従って一定の順序を守るべき制限をつけられています。すなわち，不動産以外の財産の代価と不動産の代価を配当すべき場合においては，まず不動産以外の財産から弁済を受け，それだけでは弁済を受けえない不足部分についてだけ不動産から弁済を受けることができるにすぎません（民335Ⅰ）。また，同じく不動産から弁済を受ける場合でも，質権・抵当権・不動産先取特権等の特別担保の目的になっていない不動産の代価とその目的となっている不動産の代価を配当する場合は，まず特別担保の目的となっていないものから弁済を受け，最後に特別担保の目的と

なっている不動産から弁済を受けることができるにすぎません（民335Ⅱ）。この順序を誤った場合は，先行手続に参加したならば受けえたであろう配当金額について，後行手続においては登記をなした第三者に対して対抗することができません（民335Ⅲ）。ただし，不動産以外の財産の代価より先に不動産の代価を配当し，または他の不動産の代価より先に特別担保の目的たる不動産の代価を配当すべきときは，この限りでありません（民335Ⅳ）。

2 他の債権者との優先順位

同一の目的物の上に数個の先取特権あるいは留置権・質権・抵当権等の他の担保物権が存在する場合，物権の一般理論によれば，その優劣順位はその成立ないし対抗要件具備の順序によるべきですが，民法はこの理論に従わず，各種の先取特権相互間の順位・先取特権と他の担保物権との順位を別に定めています。これは，特定の債権に先取特権を与えて保護する必要の程度は，先取特権の種類によって同一ではないので，その必要性の強弱に応じて順位をつけることが先取特権制度の存在意義に合致するからです。

1 先取特権相互間の順位

(1) 一般の先取特権相互間　民法306条に掲げた順序に従う（民329Ⅰ）。保護の必要性の順序がこの条文の順序であると考えられるからです。

(2) 一般の先取特権と特別の先取特権の間　特別の先取特権は一般の先取特権に優先するが，共益費用の先取特権だけは，その利益を受けた総債権者に対して優先する（民329Ⅱ）。特別の先取特権が一般の先取特権に優先するとされるのは，後者にあっては債務者の総財産についてその優先権が保障されているからであり，また共益費用の先取特権が特別の先取特権に優先するとされるのは，それが総債権者の利益に帰する行為に基づく債権であるからです。

(3) 動産の先取特権相互間　民法330条に定める順序に従う。この順位は，当事者の意思の推測に基づくものを第1順位，特に強い公平の原則に基づくものを第2順位，その他のものを第3順位としたものです。

(4) 不動産の先取特権相互間　民法325条に掲げた順序に従う（民331Ⅰ）。同一の不動産について逐次の売買があったときの売主相互間の順位は，売買の時の前後による(民331Ⅱ)。これに対し，保存または工事の先取特権が数個あるときは，動産保存の先取特権における（民330Ⅰ②但書）と同じく，時期における後者が前者に優先すると解されます。

(5) 同順位者相互間　同一順位の先取特権が同一目的物の上に競合するときは，各債権額の割合に応じて弁済を受ける（民332）。

2　先取特権と他の担保物権との順位

(1) 留置権との関係　留置権は優先弁済的効力を有しないので，厳密な意味で先取特権と競合することはありません。しかし留置権者は，買受人から引渡しを請求されても，被担保債権の弁済あるまでこれを拒絶することができますから，事実上最優先的に弁済を受ける結果となります。

(2) 動産質権と先取特権の順位　動産質権は，動産先取特権の第1順位（民330Ⅰ1）と同一の順位に立つ（民334）。これは，約定担保物権たる質権に，当事者の意思の推測に基づく先取特権と同一の地位を認めようとした趣旨です。

(3) 不動産質権と先取特権の順位　不動産質権には抵当権の規定が準用されますから(民361)，この順位は，次に述べる抵当権と先取特権の順位の場合と同一です。

(4) 抵当権と先取特権の順位　抵当権と不動産先取特権との順位について，その先取特権が不動産保存または不動産工事の先取特権であるときは，その先取特権が適法に登記されたものであるとき，すなわち保存費が保存行為完了後直ちに，工事予算額が工事着手前に，それぞれ登記されたものであるならば，それらの先取特権は常に抵当権に優先します(民339)。これは，不動産保存または工事の先取特権の効力が及ぶ目的物は，保存または工事によるその不動産の増加額に限られ(民327Ⅱ)，保存または工事による価値の増加は同時に既存の抵当権者にも利益になりますから，その分に限っては，その先取特権が登記上は後順位でも，先順位抵当権者に優先するとするのが公平だからです。しかし不動産売買の先取特権は，特別の規定がないから，一般原則に従い，登記の前後に

よります。

　抵当権と不動産の上の一般先取特権との順位については，両者に登記があるときは登記の先後により，両者に登記がないときは一般先取特権が優先し（民336本文），抵当権に登記があって一般先取特権にそれがないときは抵当権が優先します（民336但書）。

3　第三取得者との関係

　1　動産の上の先取特権　一般先取特権が動産の上に及ぶ場合であると，動産先取特権の場合であるとを問わず，動産の上の先取特権は，債務者がこれを目的物の譲受人たる第三取得者に引き渡した後は，その動産についてこれを行うことができません（民333）。これは，先取特権は物の占有を要件とせず，かつ動産は占有以外に公示方法がないから，第三者はその動産に先取特権が付着しているか否かを知らずにこれを譲り受けることが多く，したがってこのような場合，その第三者を保護して動産取引の安全を図る必要があると考えられるからです。ここに「第三取得者」とは，所有権の譲受人のみを指し，賃借人や質権者を含まず，また「引渡し」には，対抗要件（民178）の場合と同じく占有改定（民183）も含みます（大判大6・7・26民録23・1203）。

　2　不動産の上の先取特権　一般先取特権が不動産の上に及ぶ場合であると，不動産先取特権の場合であるとを問わず，不動産の上の先取特権は，物権変動の一般原則に従い，登記なくしては目的物の譲受人に対抗することができず，したがって，この先取特権と第三取得者との関係はこの登記の前後によって決まります。

4　その他の効力

　先取特権の効力については，抵当権の規定の準用があります（民341）。準用される主なものは，目的物の範囲に関する民法370条，被担保債権の範囲に関する民法374条，代価弁済に関する民法377条，滌除に関する民法378条以下，一般財産に対する効力についての民法394条などです。

5 消　滅

　先取特権は，目的物の滅失・収用および混同等の物権共通の消滅原因，および被担保債権の消滅等の担保物権共通の消滅原因によって消滅するほか，動産の上の先取特権は，目的物が所有権の譲受人たる第三取得者に引き渡されることにより(民333)，不動産の上の先取特権は，抵当権の規定が準用される結果として（民341）代価弁済・滌除により，各々消滅します。

III 質　権

1　総　説

1　意　義

　質権は，債権者がその債権の担保として債務者または第三者(これを物上保証人という)から受け取った物を，債務が弁済されるまで留置して債務の弁済を間接に強制する（留置的効力）とともに，弁済されない場合にはその物の価額によって優先弁済を受ける（優先弁済的効力）ことのできる担保物権です（民342）。この権利は，留置権・先取特権のように法律上当然に発生するものではなく，抵当権と同じく，物的担保たる質権を設定しようとする当事者間の契約によって成立する約定担保物権です。例えば，BがAから金1万円を借用しその担保として腕時計を質入すると，Aはその貸金債権の弁済を受けるまでその時計を留置してその返還を拒否することができる（留置的効力）のみならず，Bが弁済期までに債務の弁済をしないと，その時計を競売した価額あるいは適正に評価した価額から他の債権者に優先して債権の弁済を受けることができます（優先弁済的効力）。もっとも以上の説明は，動産質（民352以下）には典型的に該当しますが，不動産質（民356以下）や権利質（民362以下）では，趣を異にします。

　質権が物的担保として社会的に利用される例は極めて少なく，わずかに，少額の庶民金融の場合における動産質と，抵当権の設定ができない債権等に担保権が設定される権利質にその例が認められる程度です。

2　法的性質

1　物権性　　質権は，債権者がその債権の担保として債務者または第三者から受け取った物を，債務者が弁済されるまで留置して債務の弁済を間接的に強制するとともに，弁済されない場合にはその物の価額によって優先弁済を受けることを内容としますが，その留置権能は，留置権の場合と同じくその物の譲受人等債務者以外の第三者に対しても対抗

することができ，またその優先弁済権能は，債務者が弁済をしないときにみずから進んで目的物の競売等をなし売却代金等から優先的弁済を受けることができます（民342，民執法181・190・193）。この意味において質権は，目的物の交換価値を他人の行為の介在なしに支配する物権であるということができます。この場合その公示方法（対抗要件）は，動産質（民352）は占有（民178），不動産質（民356）は登記（民177，不動産登記法1），権利質（民362以下）は確定日付ある証書による通知または承諾（民364・467Ⅱ）です。

しかし動産質の場合，質権者が目的物の占有を失うときは第三者に対し質権に基づく物権的請求権はこれを有せず（民353），また権利質の場合，その客体となるのは債権その他の財産権という非有体物であるなどの点で，その物権としての性質はそれほど徹底していないといえます。

2 担保物権性

(1) 付従性がある。すなわち質権は，他の担保物権と同じく，債権の担保を目的とする権利ですから，債権の存在しないところには存在しえません（付従性）。

(2) 随伴性がある。すなわち，被担保債権が移転すれば質権もこれに伴って移転します。

(3) 不可分性がある（民350・296）。すなわち質権者は，被担保債権全額の弁済を受けるまでは目的物の全部を留置し，かつその全部を競売する権利を有します。

(4) 物上代位性がある（民350・304）。すなわち，質権の目的物が売却されて代金に変わり，賃貸されて賃料を生じ，滅失・毀損によって保険金等に変わった場合は，その代金・賃料・保険金等の上に質権の効力が及びます。物上代位権行使の要件・方法等は前述した先取特権の場合と同様です。

3 種　類

民法は，質権の客体の種類により，①動産質（民352―355）・②不動産質（民356―361）・③権利質（民362―368）の3種に分け，それぞれの特則を定めるとともに，別にこれらに共通な総則（民342―351）を定めています。

しかし質権は動産質について発達した制度ですので，総則の規定も動産質には文字通りに適用されますが，不動産質および権利質については多少の修正をする必要があります。

2 動産質

1 要件

1 成立要件 動産質は動産が客体となる質権ですが，動産質権が成立するためには，その被担保債権が存在すること（付従性），および当事者間において動産質権設定契約が締結されることが必要です。この設定契約は，質権設定の合意と目的物の引渡しとによってその効力を生ずる要物契約です。

この契約を締結する当事者は，動産質権を設定しようとする者と質権設定を受けようとする者とです。質権設定は一種の処分行為ですから，設定者は目的物を処分する権限（所有権等）を有していなければなりませんが，これを有しない場合でも，即時取得に関する規定（民192）に従って有効に質権が設定されることができます（最判昭45・12・4民集24・13・1987）。

また動産質権の設定契約は，前述のとおり，要物契約ですから，質権設定の合意だけではその効力を生ぜず，目的物の引渡しを効力発生要件とします（民344。物権変動に関する民176の例外）。この場合の「引渡し」は，現実の引渡し（民182Ⅰ）に限らず，簡易の引渡し（民182Ⅱ）・指図による占有移転（民184）でもよいが，占有改定（民183）では不十分であるとされています（民345）。これは，現実の引渡し・簡易の引渡し・指図による占有移転の場合は設定者のもとに占有が残りませんが，占有改定の場合はこれが残りますから，物権変動の公示の役割を十分果たせず，また設定者の質物に対する使用収益が奪われないため留置的効力が確保できないと考えられたためです。

2 対抗要件 動産質権は，占有の継続をもって第三者に対する対抗要件とします（民352）。これは，占有のない動産質権に物権としての効力を認めることは他の債権者を害するおそれがあるからです。この趣旨か

らすると，この場合の「第三者」は，債務者・質権設定者以外のすべての者をいうことになります。したがって，何らかの事由により質物が第三者の占有に帰したときは，質権者は質権に基づいてその返還請求することはできません。ただし，その質物が第三者に奪われたものであるときは，質権者が，占有権に基づいて占有回収の訴え（民200）を提起しその占有を回復することはできます（民353）。

2 効　力

1　効力の及ぶ範囲　動産質権によって担保される債権の範囲は，元本・利息・違約金・質権実行の費用・質物保存の費用・債務不履行による損害賠償・および質物の隠れた瑕疵によって生じた損害の賠償です（民346本文）。ただし，当事者がその範囲について特約をすることを妨げません（民346但書）。この範囲は，抵当権の被担保債権の範囲（民374）に比して相当広いものですが，これは，質権にあっては質物が債権者に引き渡されることから，質物の所有権が第三取得者に譲渡されることが少なく，また当該質物につき後順位の質権が設定されることは稀であることからその者との利害の調整をする必要もないことに基づくものです。

また動産質権の効力の及ぶ目的物の範囲は，抵当権の場合のような規定（民370）が存在しないので，設定契約によって質権の目的物とされたものの全部に及びます。

2　留置的効力（民347）　質権者はその債権の弁済を受けるまで質物を留置することができます（民347本文）。これを留置的効力といい，その意味は，原則として留置権におけると異なることはなく，債務者・設定者のみならず，第三者に対してもこれを主張することができます。

3　優先弁済的効力（民342）

(1)　総　説　質権者は，質物につき他の債権者に先立って自己の債権の弁済を受けることができます（民342）。質権者がこの優先弁済権を行使することができるためには，被担保債権の目的が金銭債権となりかつ履行遅滞が生ずることが必要です。

質権者が質権の実行をする方法として一般的に認められている方法は，民事執行法により質物を競売に付し，その売却代金から優先的に弁済を

受ける方法です(民執法190)。この場合債務名義を必要としませんが，質権者は，質権の存在を推認させる事情を明らかにするため，競売申立てに際し，自ら質物を占有するときはその質物を提出し，自ら占有していないときは質物の占有者が差押えを承諾することを証する文書を提出しなければなりません（民執法190）。

次に，動産質権に限って認められる方法として，簡易な弁済充当（民354，非訟事件手続法83ノ2）があります。これは，実務的にはほとんど行われていませんが，競売には煩雑な手数と多大の費用を要するので，比較的価値の少ない動産や公定価格の存する動産についても常に競売によらしめるとすることは妥当でないとの考慮に基づくもので，正当の理由がある場合に限り，裁判所に請求し，その選任する鑑定人の評価に従い，質物をもって直ちに弁済に充てることができます（民354前段）。ただし，債務者および質権設定者はかような場合にはみずから弁済をしてこの結果を防ごうとすることが考えられますので，質権者は予め債務者にその請求を通知することが必要です（民354後段）。

(2) 他の債権者との優先順位　動産質権者が他の一般債権者に対しては常に優先し，また，動産質権と先取特権が競合する場合の順位は先取特権の箇所で述べたとおりです（民334）。

これに対し，数個の動産質権が競合するときは，その順位は設定の前後によります(民355)。この場合，動産質権の設定には引渡しを必要とするので，設定の前後は，結局，引渡しの前後で決まることになります。

(3) 流質契約の禁止（民349）　質権設定者は，質権設定契約または弁済期前の契約をもって質権者に弁済に代えて質物の所有権を取得させまたは法律に定める方法によらずに質物を処分させる旨の合意をすることはできません(民349)。これを流質契約の禁止といいます。これは，窮迫した状態にある債務者が，僅少な金額の融通を受けるために高価な質物を提供し，暴利行為の犠牲となるのを防止しようとするためであり，また弁済期後の約束を自由にしたのは，この時には債務者はもはやその窮状を利用される地位にいないからです。

しかし，後述する譲渡担保権の是認，流質を許容する特別法の存在(例えば，被担保債権が商行為によって生じたものであるときに流質契約を許す商

515および質屋営業法19。なお，公益質屋は，公益質屋法11Ⅱ・13により，結果的にみていわゆる流質が禁じられている）などからして，流質契約を禁止する民法349条の意義は少ないといえます。

4 転質権 民法348条は，質権者はその権利の存続期間内において，自己の責任をもって質物を転質となすことができます。これがいわゆる転質権であって，資金の融通者たる質権者が，被担保債権の弁済期以前に，質物を再度質入することによって別の融資を受けることを可能にし，もって一度質物に固定させられた資金を再び流動化することを目的とする制度です。抵当権における転抵当と同趣旨の制度といえます。

転質には，原質権設定者の承諾を得ずに質権者の責任においてなす責任転質と，原質権設定者の承諾をえてなす承諾転質とがあります。

3 消　滅

動産質権は物権ですから，目的物の滅失・収用および混同等の物権一般の消滅事由により消滅します。また担保物権でもありますから，被担保債権の消滅等の担保物権一般の消滅事由により消滅します。動産質に特有の消滅原因としては，質権の消滅請求（民350・298Ⅲ）があります。

3　不動産質

1　要　件

1　成立要件

(1) 総　説　不動産質は不動産が客体となる質権ですが，不動産質権が成立するためには，被担保債権が存在しなければならないこと，および当事者間において不動産質権設定契約が締結されることが必要で，この契約は当事者の合意と目的物の引渡しを要する要物契約です。不動産質権の目的物となりうるのは，土地および建物に限られます。

(2) 不動産質権の存続期間（民360）　不動産質権の設定に関し，他の質権には存在しない制限があります。すなわち，不動産質権の存続期間は10年を超えることができず，もしこれより長い期間を定めたときはその期間は10年に短縮されます（民360Ⅰ）。もっともこの期間は更新する

ことができますが,更新の時から10年を超えることはできません(民360Ⅱ)。また当事者間で期間を定めなかったときは,設定の時から10年で消滅します(大判大6・9・19民録23・1483)。これは,不動産の用益権(民356参照)とりわけ耕作権能を,長く所有者以外の者の手に委ねることは,長い目でみた場合の不動産の効用を十全ならしめるものではないと考えられるからです。

2 不動産質権の対抗要件 不動産質権は不動産物権ですから,対抗要件は登記であり(民177,不動産登記法1),動産質権のように(民352)質物の占有が第三者に対する対抗要件となることはありません。なお,不動産質権の設定登記をするためには,債権額(金銭債権の場合)または債権の価額(金銭債権以外の場合)を確定する必要があります(不動産登記法116・120)。

2 効 力

1 効力の及ぶ範囲 不動産質権によって担保される債権の範囲は動産質権と同様です。ただし,抵当権に関する民法374条が準用され,利息・遅延損害金は通じて最後の2年分に制限されます(民361・374)。

不動産質権の効力の及ぶ目的物の範囲については,民法361条により抵当権に関する民法370条の規定が準用されるので,基本的には抵当権の場合と同様です。

2 留置的効力

(1) 不動産質にも民法347条が適用されますから,動産質と同じく留置的効力があり,所有者からの質物引渡請求訴訟において質権の存在が権利抗弁として主張された場合は引換給付の判決がなされることになります。

(2) **目的物につき競売手続が先行する場合** この場合は,留置的効力をもって買受人に対抗することができることは動産質の場合と同様ですが,質権に対して優先権を有する債権者には対抗しえない旨の規定(民347但書)の適用は,不動産質の留置的効力に関して明瞭に現われます。すなわち,例えば1番抵当権の次に不動産質権がありその次に2番抵当権が存在する場合に,1番抵当権者の申立てによって競売されるときは,

優先権を有する者の権利行使ですから質権者は買受人に対して引渡しを拒むことができず，不動産質権は，優先順位に従って弁済を受けることになります。また質権者よりも劣位である2番抵当権者の申立てによって競売される場合であっても，同一不動産上に複数の抵当権がある場合の競売は最先順位の抵当権の状態ですべての抵当権のための清算が行われる（最判昭41・3・1民集20・3・348参照）とみるのが相当ですから，不動産質権は同じく引渡しを拒むことができず優先順位に従って弁済を受けるにすぎないと解されます。

3 使用収益的効力（民356）

不動産質権者は，設定行為で別段の定め（登記を要する — 不動産登記法116）をしない限り，目的不動産をその用法に従って使用収益することができます（民356・359）。これを使用収益的効力といいます。これは，不動産は動産と異なって使用収益しても減価毀滅のおそれが少なく，耕地・住宅のごときはかえってこれを使用しなければ減価毀滅してしまうという考慮に基づくものです。

その具体的内容としては，みずから使用収益することのほか，その質権の存続期間内に第三者に賃貸することも含まれ，またその使用利益は，原則として利息に相当すると見られるので（民358），留置権者または動産質権者が果実を収取する場合のように，特に金額を計算して利息に充当する必要がありません。その代わり管理費用等を負担し（民357），利息を請求することができない（民358）のが原則です。

4 優先弁済的効力

不動産質権にも民法342条が適用されますから，優先弁済的効力があり，その内容は動産質権と基本的に同一です。

動産質権と異なる点としては，①不動産質権には抵当権の規定が準用されます（民361）から，民事執行法による競売申立てをするには，第三取得者に通知をしなければならない（民381・387）こと，②動産質権のような簡易な換価方法（民354）は認められないこと，③数個の不動産質が競合するときおよび抵当権と競合するときは，優先順位は登記の前後によること（民361・373 I），④先取特権と競合するときは，抵当権と先取特権の競合と同一に取り扱うこと（民361・339）が挙げられます。

5 転質権

不動産質権者も転質権を有します（民348）。その種類・性質・要件・効力などは，動産質権において述べたところと同一です。

ただし，不動産質権につき転質権を設定するときは，目的物を引き渡すほか，対抗要件として登記を経由しなければなりません（不動産登記法116）。

3 消　滅

不動産質権も動産質権と同様の事由により消滅しますが，その特有の消滅原因としては，存続期間の満了（民360）があり，また，不動産質権には抵当権の規定が準用されます（民361）から，代価弁済（民377）および滌除(てきじょ)（民378—386）もその消滅原因となります。

4　権　利　質

1 総　説

民法は，動産・不動産などの有体物のほかに，無形の財産権の上にも質権を設定しうるとしました（民362 I）。これを権利質といいます。質権は，もともとは有体物につき発達した制度ですが，近代の法律取引においては，無形の財産権もまた独自の交換価値を有するようになったので，その交換価値を直接に支配することによって有体物と同じく金融の用に供せしめようとして成立したのがこの権利質です。

権利質の目的として主要なものは，債権・不動産物権・株式・無体財産権等ですが，以下においては，典型的な権利質である指名債権質について説明します。

2 指名債権質
1 要　件
(1) 成立要件

イ　総　説　債権のうち，債権者の特定している普通の債権を指名債権といいます（これに対し，債権が証券に化体され，その成立・存続・譲渡・行使などが原則として証券によってなされる債権を証券的債権といい，これには，指図債権・無記名債権・記名式所持人払債権の3種があります）。この指名債権に対して質権が成立するには，被担保債権が存在しなければなら

ないこと（付従性），および当事者間で指名債権質権設定契約が締結されることが必要です。この契約は要物契約で，その旨の当事者間の合意（指名債権質権設定契約）のほか，その債権の証書があるときはその証書を交付しなければその効力を生じないとされています（民363）。これは，質権の目的となる権利につき何らかの有形物を伴うときは，これを質権者に交付させて質権設定契約の要物性（民344）を貫こうとする趣旨です。もっとも，債権証書のない債権の場合は当事者間の合意だけでその上に質権が成立し，また債権証書がある場合でも，債権証書の引渡しはこれによって設定者から債権の利用（実質的には債権の処分）を奪うことにはならず質権の成立を公示するに十分なものでもない（公示方法としては民法364条により第三債務者への通知またはその者の承諾が予定されている）ので，債権証書の引渡しを効力発生要件とする民法363条の規定は，動産質・不動産質に関する民法345条の規定と異なり，実質的理由は乏しいといえます。したがって，占有改定禁止を定める民法345条は，指名債権質には適用がないと解すべきでしょう。

ロ　**指名債権質の目的となりうる債権**　指名債権質の目的となりうる債権は，譲渡することのできる債権です（民362Ⅰ・343）。そして，債権は，一般に譲渡性を有します（民466Ⅰ）から，質権の目的となりうるのが原則です。しかし，債権の性質が譲渡を許さないものである債権は，質権の目的となりえません（民466Ⅰ但書参照）。

譲渡禁止の特約ある債権については，質権者が善意かつ無重過失であれば，質権は有効に成立します（民466Ⅱ―最判昭48・7・19民集27・7・823）。譲渡禁止特約ある債権について債権差押・転付命令を発することは，差押債権者の善意悪意を問わず有効です（最判昭45・4・10民集24・4・240）が，質権設定は私人による一種の譲渡とみることができますから，質権設定につきこの判例のような考え方をする必要がないからです。

(2)　**対抗要件（民364Ⅰ）**　指名債権質入を第三債務者（質入債権の債務者）に対抗するには，あたかもこの債権の譲渡と同様に，質権の設定を債務者が第三債務者に通知するかまたは第三債務者が債権者もしくは債務者に承諾することが必要です（民364Ⅰ）。債権を質入しても債権そのものの帰属に変更を生ずるのではないが，その債権の有する交換価値が第

三者の支配に帰属し第三債務者はこの把握された交換価値を破壊しないような拘束を受けるので，公示の方法としては，債権譲渡と同一に取り扱うのが適当であるからです。したがって，異議を留めない承諾があるときは民法468条に従い，抗弁権の伴わない債権として質権の拘束に服すると解されます。

第三債務者以外の第三者（この意味は，物権変動に関する民法177条・178条の第三者と同じと考えてよい）に対抗するには，通知または承諾が確定日付ある証書をもってなされることが必要です（民467Ⅱ）。この場合の質権者と第三者の優劣は，証書に付された日付ではなく，確定日付のある通知が第三債務者に到達した日時または確定日付のある第三債務者の承諾の日時の先後により決せられます（最判昭49・3・7民集28・2・174）。

2 効　力

(1)　留置的効力　　質権者は，質権設定のために交付を受けた債権証書を占有する権利を有し，被担保債権の全部が弁済されるまでこれを留置することができます（民347）。もっとも，目的債権は交換価値を有するにとどまり，物のような利用価値はありませんから，債権証書を留置しても，質権設定者に対する債務履行の心理的強制としての機能に乏しいといえます。

(2)　優先弁済的効力　　質権者が優先弁済権を行使する方法としてまず認められているのが，債権の直接取立て（民367Ⅰ）です。

これは，質権者が自己の名において質入債権の目的物（金銭を含む）を自己に引き渡すべきことを請求することができるということで，この訴訟は，質権者が質入債権の債権者に代わり，いわゆる法定訴訟担当（民訴法115条1項2号により，質権者Aが原告となって，質入債権者Bのために訴訟を追行する）としてこれを追行します。

質入債権が質権者により直接取り立てられた場合，質入債権が金銭債権であるときは，質権者は取り立てた金銭を被担保債権の弁済に充当することができますから，直接取立てができるのは，被担保債権額に相応する部分に限られます（民367Ⅱ）。また，質入債権の弁済期が被担保債権の弁済期より前に到来したときは，質権者は，第三債務者をしてその弁済金額を供託させることができ，その場合は，質権は，質入債権の債権

者の有する供託金請求権の上に存続します（民367Ⅲ）。

これに反し，質入債権が金銭以外のものを目的とするとき(不動産の所有権移転がその目的であるときは，目的物の引渡しのほかに，質入債権者への所有権移転登記手続も含まれます)は，質権は質権者が弁済として受けた目的物の上に存続し(民367Ⅳ)，したがって，その後は動産質または不動産質の質権実行方法により優先弁済を受けることができます。

もう1つの権利行使方法として認められるのが，民事執行法の定める執行方法です（民368）。

すなわち，質入債権が通常の金銭債権であるときは，質権者は，債務名義なしにこれにつき債権差押命令または転付命令を得て優先弁済権を行使することができ，質入債権がその他の債権であるときは，その種類により，民事執行法の各規定に従って優先弁済権が行使されます。

(3) 指名債権質の質入債権に及ぼす拘束力　債権が質入されることによって，いかなる拘束力が生ずるかについては明文の規定はありませんが，質権は，その目的たる債権についてその支配する交換価値を破壊する行為をなすことを禁ずる力があることあたかも債権の差押えと同じと解すべきですから，民法481条1項を類推し，質入債権の債権者および債務者のなす，その債権の取立て・弁済・免除・相殺その他質入債権を全部または一部消滅させる一切の行為は，これを質権者に対抗しえないと解されます（大判大5・9・5民録22・1670等）。ただし，質入債権の債務者は，質入通知を受ける以前に設定者に対して生じた事由をもって質権者に対抗することができ(民468Ⅱ参照)，したがって，質入債務者が通知を受ける以前に設定者に対し同種の目的を有する反対債権を有しているときは，弁済期の定めの如何を問わず，相殺をもって質権者に対抗できます（最判昭45・6・24民集24・6・587参照）。

Ⅳ 仮登記担保権

1 総　説

1 意　義

　仮登記担保権とは，金銭債権の満足を確保するために債務者または第三者（物上保証人）との間でその所有不動産等につき代物弁済の予約・停止条件付代物弁済契約等の仮登記担保契約を締結した債権者が，債務者が履行期までにその債務の弁済をしないときは，予約完結の意思表示をなした上（停止条件付代物弁済契約の場合は不要），債務者または第三者に清算金見積額等を通知し，その通知到達後2か月の経過により目的物の所有権等を取得することを主たる内容とする権利です。

　この権利は，従来は判例（最大判昭49・10・23民集28・7・1473等）により認められていたものですが，昭和53年6月に制定された「仮登記担保契約に関する法律」（以下「法」ということがある）により，その要件，効力等が明確化されました。例えば，AがBに対して有する金1,000万円の貸金債権を担保するためにB所有の甲土地につき代物弁済の予約を締結した場合において（その旨の仮登記を経由するのが通常です），債務者Bが履行期までに債務の弁済をしないときは，AはBに対し代物弁済の予約につき予約完結の意思表示をした上，清算期間経過時の被担保債権額1,000万円と甲土地の見積価額（金1,500万円）及び清算金見積額が金500万円であることをBに通知すると，その通知到達後2か月を経過すればAは甲土地の所有権を取得し，その代わりに清算金を支払うことになるものです。

　仮登記担保権は，仮登記担保法施行前はよく利用された制度ですが，同法が施行されてからは，仮登記担保権自体に対する規制が複雑となり，うまみも減ったなどの事情からか，実務的にはあまり利用されなくなりました。

2 法的性質

　仮登記担保権を独自の物権ないし担保物権として把握できるかどうか

図34　担保仮登記

```
所有権移転請求権仮登記
平成参年弐月壱九日受付
第八壱九号
原因　平成参年弐月壱五日代物
　　　弁済予約
権利者
　　　株式会社　甲野産業
```

については考え方が分かれると思いますが，少なくとも担保的権利ではあり，次のような法的性質を有すると考えられます。

(1) **付 従 性**　仮登記担保契約は，金銭債権の満足を確保するために締結されるものですから，根仮登記担保契約の場合を除き，被担保債権が成立しなければ仮登記担保契約に基づく権利は成立せず（成立における付従性），被担保債権が消滅すれば消滅します（消滅における付従性）。

(2) **随 伴 性**　仮登記担保権は，その担保的性格からして，被担保債権の移転に伴い移転すると考えられます（ただし，根仮登記担保権の場合は，被担保債権の全部移転が生じても，根抵当権の場合と同様，随伴しないと解されます）。この場合の対抗要件は，不動産につき仮登記（不動産登記法2）がなされているときには当該仮登記移転の付記登記（不動産登記法134）をすれば足り，債権譲渡の対抗要件（民467）を具備する必要はないと解されます（最判昭35・11・24民集14・13・2853）。仮登記がなされていない場合には，一般の債権譲渡の対抗要件（民467）によるべきです。

(3) **不可分性**　仮登記担保権は，その債権担保的機能からして，被担保債権の全部の弁済があるまでは，目的物全部の上にその効力を及ぼすと解されます。

(4) **物上代位性**　仮登記担保権の目的物が売却されて代金に代わり，

賃貸されて賃料を生じ，滅失毀損によって保険金等に変わった場合には，その代金・賃料・保険金等の上にその効力が及ぶかについて，条件付権利と解する立場からは明文がない以上物上代位性は否定されることになりますが，担保物権と把握する立場からは，普通の仮登記担保権には優先弁済的効力があるのであるから（法13），物上代位性があると解することになります（なお，清算金に対する物上代位権の行使につき後記133頁「(7)清算金に対する物上代位権の行使」以下参照）。

2 要 件

1 成立要件

　仮登記担保権が成立するためには，根仮登記担保権を除く普通の仮登記担保権の場合，被担保債権の存在と仮登記担保契約の存在が必要です。ここに仮登記担保契約とは，金銭債務を担保するため，その不履行があるときは債権者に対し債務者等に属する所有権その他の権利の移転等をすることを目的としてされた代物弁済の予約・停止条件付代物弁済契約その他の契約で，その契約による権利について仮登記または仮登録のできるものをいいます（法1）。この契約は，債権者と債務者等間の合意だけで成立する諾成契約です。また，仮登記担保契約が代物弁済の予約または停止条件付代物弁済契約の形で締結されたときは，これらの契約は金銭債務の不履行により債権者に所有権その他の権利を取得させることを目的とするものですから，担保目的は当然に存在するものと解されますが，売買予約や贈与予約といった形の場合には，本来の意味の売買予約等については仮登記担保法の適用がありませんから，担保目的の存否についての吟味が必要となってきます。

　例えば，AがBに対し金1,000万円を貸し付け，その担保のためB所有の甲土地につきBから代物弁済の予約を受け，同土地に代物弁済予約を原因とする所有権移転請求権仮登記（図32等参照）を経由したときは，Aは1,000万の貸金債権担保のため甲土地につき仮登記担保権を取得したことになります。

4 その他の担保物権

2 対抗要件

　仮登記担保権は物権かひいては仮登記担保権に対抗要件なる概念が存在するかについては議論があるところですが，競売手続においては仮登記担保権は抵当権と同一に扱われ，担保仮登記のされた時に抵当権設定の登記がされたとみなされます（法13 I 後段）から，少なくとも競売手続においては担保仮登記が対抗要件と解されます。

3　効　　力

1　概　　観

　仮登記担保契約を締結し，その契約に基づいて仮登記または仮登録をすると，仮登記担保権者は，仮登記担保契約の目的物の所有権その他の権利を取得できる権能をもち（法2 I），また，仮登記担保権者が清算金を支払う前に当該目的物について競売手続が開始されると，仮登記担保権者はもはや目的物の所有権その他の権利を取得することはできません（法15 I）が，その競売手続に参加して優先弁済請求権を行使することができます（法13）。したがって，仮登記または仮登録をした仮登記担保契約は，所有権取得的効力と優先弁済的効力の2つを併有する変態担保契約の一種であるということができます。

2　所有権取得的効力

　(1)　総説——所有権取得の要件　　債権者が債務者または第三者（物上保証人）の所有する土地または建物（以下「土地等」という）について仮登記担保契約を締結し，この契約に基づいてその所有権を取得しようとする場合には，その契約において所有権を取得するものとされている日以後に債務者等に対し一定の通知（法2—仮登記担保権の実行通知）をする必要があります。そして，この通知が債務者等に到達した日から2か月の期間（これを「清算期間」といいます）が経過しなければ，その所有権移転の効力を生じません（法2 I）。

　(2)　仮登記担保権の実行通知

　　イ　実行通知の内容　　債権者すなわち仮登記担保権者が債務者等に

対して通知しなければならない事項は次のとおりです。

　(ア)　清算期間が経過する時における清算金の見積額（清算金がないときは，その旨）　清算金とは，清算期間が経過した時の土地等の価額がその時の債権等の額を超えるときにおけるその差額に相当する金銭をいいます（法3Ⅰ）。仮登記担保権者は，後述のとおり土地等の所有権を取得する場合には債務者等に清算金を支払わなければなりませんが（法3Ⅰ），仮登記担保権者が通知を発する段階では清算金の額は確定できないので，清算金の見積額を通知することにしたものです。

　(イ)　清算期間が経過する時の土地等の見積価額

　(ウ)　清算期間が経過する時の仮登記担保契約によって担保された債権及び債務者等が負担すべき費用で債権者が代わって負担したもの（一括して「債権等の額」という）

　(エ)　土地等が2個以上あるときは，各土地又は建物の所有権の移転によって消滅させようとする債権等の額　仮登記担保権の目的物として土地等が2個以上あるときに，被担保債権をどのように割り付けるかは，仮登記担保権者の裁量にゆだねられています（民392の適用なし）。

　割付方法としては，共同抵当と同様に不動産の価額に按分して債権を割り付けるのが一般的ですが，仮登記担保権者が目的不動産のうちで是非とも所有権を取得したいと考える物件があれば，その物件について後順位抵当権者らからの競売請求を防ぐために（清算金支払債務の弁済前に競売請求されるともはや所有権を取得し得ない。法15），清算金の見積額が多くなるように割り付けることもできます。

　ロ　実行通知の相手方　実行通知は，仮登記担保権の実行により目的物の所有権を失う者に対して行うので，相手方は土地等の所有者すなわち債務者または第三者（物上保証人）です。第三者（物上保証人）に通知するときは債務者に通知する必要はありません。

　ハ　実行通知の方法　法律上の制限はないので，口頭でもよいが，通知の到達日は仮登記担保法では重要な意味をもつので，書面(特に配達証明付内容証明郵便）によることが多い。

　ニ　実行通知の時期　仮登記担保契約において仮登記担保権者が所有権を取得するものとされている日以後です（法2）。具体的には，代物

弁済の予約であればその予約完結の意思表示をした日以後，停止条件付代物弁済契約であればその停止条件が成就した日以後です。これらの日より前の通知は効力を生じません。

　　ホ　実行通知の意味と拘束力　　仮登記担保法が，債務者等に対する通知を要求したのは，これにより，債務者等に不動産の所有権を失うことを観念させるとともに，清算金の概算額を明らかにするためです。したがって，仮登記担保権者が自ら通知した見積額が客観的な清算金額に充たないと主張することは，信義則に反するから，許されません（法8Ⅱ）。これに対し，債務者等の方で，通知の内容に不服があれば，仮登記担保権者の提起した土地等の所有権移転登記手続請求訴訟において，清算金の支払と引換えでなければ登記手続に応じない旨の同時履行の抗弁権を行使することにより（法3Ⅱ），または債務者等自ら清算金支払請求訴訟を提起することにより，それぞれ清算金額を争うことができます。

　しかし，後順位抵当権者ら法4条1項が規定する者又は後順位の仮登記担保権者は，仮登記担保権者の通知した見積額に拘束され，清算金額が見積額を超えることを主張できません（法8Ⅱ）。これは，これらの者にかかる主張を許すと法律関係がいたずらに複雑化するためですが，ただ後順位抵当権者は，仮登記担保権者に対する対抗手段として被担保債権の弁済期到来前でも競売請求をすることができます（法12）。

　　(3)　物上代位権者に対する通知　　担保仮登記後に登記（仮登記を含む）がされている先取特権，質権もしくは抵当権を有する者または後順位の仮登記担保権者は債務者等の仮登記担保権者に対する清算金請求権について物上代位ができます（法4）。

　そこで仮登記担保法は，かかる物上代位権者がいるときは，これらの者が物上代位権を行使するか否かの判断に必要な事項を通知すべきことを定めています（法5Ⅰ）。

　　イ　通知の相手方　　法2条1項の規定による通知が到達した時に存在する物上代位権者です。通知到達後の物上代位権者には通知する必要がありません。

　　ロ　通知の内容　　通知すべき事項は，次の事項です。

　　㋐　債務者等に対し，法2条1項の規定による通知をした旨

(イ)　法2条1項の規定による通知が債務者等に到達した日
　(ウ)　法2条の規定により債務者等に通知した事項
　ハ　**通知の時期，方法**　通知は，法2条1項の規定による通知が債務者等に到達した時から遅滞なくしなければなりません（法5Ⅰ）が，物上代位権者の登記簿上の住所または事務所にあてて発すれば足り，到達を要しません（法5Ⅲ）。
　ニ　**通知違反の効果**　仮登記担保権者が通知をしなかったり，または通知が遅れた場合には，仮登記担保権者は清算期間経過後に債務者等に清算金を支払っても，その支払をもって物上代位権者に対抗できません（法6Ⅱ後段）。
　(4)　**その他の登記簿上の利害関係人に対する通知**　担保仮登記に基づく本登記につき登記上利害関係を有する第三者，例えば担保仮登記後の第三取得者などで，法2条1項の規定による通知が債務者等に到達した時に存在する者に対しては，①債務者等に対し法2条1項の規定による通知をした旨，及び②法2条の規定により債務者等に通知した債権等の額を通知しなければなりません（法5Ⅱ）。
　この利害関係人は，本来仮登記の効力により権利を失う者ですが，仮登記担保権者の債権額を弁済して自己の権利を保全したいと思う者もいることを考え，代位弁済（民500）の機会を与えることを目的としたものです。
　(5)　**所有権移転時期**　仮登記担保法は，仮登記担保権者が仮登記担保契約において所有権を取得するものとされている日が到来しても，直ちに土地等の所有権移転の効力が生ずるものとせずに，その日以後仮登記担保権者が清算金の見積額（清算金がないときはその旨）等を債務者等に通知し，かつ，その通知が債務者等に到達した日から2か月を経過しなければ，所有権移転の効力は生じないものとしています（法2Ⅰ）。したがって，同条の反対解釈からすると，土地等の所有権は，清算期間が経過した時に債務者等から仮登記担保権者に移転することになります。
　(6)　**清算金**
　イ　**総説**　仮登記担保契約は金銭債務を担保するために締結されるのですから，仮登記担保権者が取得する土地等の価額が債権等の額を

4 その他の担保物権

超えるときは，その超過額に相当する金銭（清算金）は，不当利得として債務者等に支払わせることが公平に合致します。そこで仮登記担保法は，仮登記担保権者に清算金支払義務を課しています（法3）。

ロ **清算金額の算定** 清算金額は，清算期間が経過した時の土地等の価額（客観的な取引価額）からその時の債権等の額を控除した額です。この金額は客観的に決まるので，法2条1項の「清算金の見積額」とは異なります。

ハ **清算金支払の相手方** 清算金は仮登記担保権者が所有権を取得する際の不当利得の返還にほかならないので，債務者等の所有者に支払うことを要します（法3Ⅰ）。

ニ **清算金支払債務の発生時期** 清算金の支払債務は清算期間が経過した時に発生します。ただし，清算期間が経過しても清算金支払債務の弁済前の申立てにより強制競売等が開始されたときは，仮登記担保権者は競売手続に参加して優先弁済請求権を行使するほかなく（法15・13），売却許可決定が確定すると，仮登記担保権者の仮登記に係る権利は消滅するので（法16），仮登記担保権者としては清算金を支払う必要はなくなります。

ホ **清算金の支払時期** 清算金支払債務は，清算期間経過時に現在の債権として成立しますが，清算金の支払債務と土地等の所有権移転登記及び引渡債務とは同時履行の関係に立ちますから（法3Ⅱ），仮登記担保権者は，清算期間経過後土地等の所有権移転登記または引渡しを受けるのと引換えに債務者等に清算金を支払うことになります。この同時履行の抗弁権が訴訟上行使されたときは，引換給付の判決になります。

ヘ **債務者等に不利な特約** 法3条1項及び2項に反する債務者等に不利な特約（清算金支払債務の免除ないし履行の猶予，所有権移転登記義務を先履行とする特約など）は，それが清算期間経過前にされたものである限り，無効です（法3Ⅲ）。これは，清算期間経過前においてなされるかかる特約を有効視することは経済的弱者たる債務者等に不利益を与えるからです。これに反し，清算期間経過後になす特約は，このような危険は存しないので有効と解されます。

ト **清算金の処分禁止** 清算金の支払を目的とする債権は，後順位担

保権者等の物上代位の客体をなすものですから（法4），法は，物上代位権者の保護のため，仮登記担保権者が清算期間経過前に清算金を目的とする債権の譲渡，質入れ，免除等の処分をすることを禁止し（絶対的処分禁止），他方，仮登記担保権者が清算期間経過前に債務者等に清算金を支払っても，その支払を物上代位権者に対抗することができないとしました（法6）。

　チ　**債権の一部消滅**　　以上と異なり，不動産の価額が債権等の額に満たない場合は，反対の特約がない限り，不動産の価額の限度において債権は消滅します（法9）。この場合，債権が消滅する時期は清算期間満了時です（法3Ⅰの反対解釈）。

(7)　**清算金に対する物上代位権の行使**

　イ　**総　説**　　仮登記担保権者が債務者等に支払うことを要するとされる清算金は，後順位担保権者等が債務者等の所有する土地等について担保権を設定する時に把握した余剰担保価値ですから，それを債務者等のみが取得し後順位担保権者等が介入できないとするのは公平に反すると考えられます。

　そこで，法は，後順位担保権者等がこれにつき，物上代位権を行使できるとしました（4条）。

　ロ　**物上代位の要件**

　㈠　**物上代位権者**　　担保仮登記後に登記（仮登記を含む）がされた先取特権，質権または抵当権を有する者（法4Ⅰ），後順位の担保仮登記の権利者（法4Ⅱ）です。

　㈡　**物上代位の客体**　　債務者等が仮登記担保権者に対して有する清算金請求権です。ただし，物上代位権者が物上代位できるのは，仮登記担保権者が法2条1項の規定により債務者等に通知した清算金の見積額を限度とします（法4Ⅰ・Ⅱ）。これは，清算金の額についての争いを避けるために設けられた規定です。もし物上代位権者が見積額に不満があるときは，後順位の仮登記担保権者を除き被担保債権の弁済期が未到来でも競売請求する途があり，これにより仮登記担保権者は所有権を取得することができなくなるので（法15），間接的に見積額の適正化が図られているといえます。

4 その他の担保物権

(ウ) 物上代位権の行使　物上代位権者は，仮登記担保権者が債務者等に対し清算金を支払う前に，清算金請求権を差し押さえることが必要です（法4Ⅰ後段）。具体的には，抵当権の場合と同様に，物上代位権者は，被担保債権の弁済期が到来しているときは民事執行法143条以下の規定により債務名義なしに差押え，弁済期未到来のときは民事保全法の規定により仮差押えをすることになります。

ハ　物上代位の効果　物上代位権者は，差押え又は仮差押えにより，清算金請求権に対する民事執行手続において，その順位により優先弁済請求権を行使できます（法4Ⅰ前段）。具体的には，物上代位権者が清算金請求権を差し押さえた後，差押命令に基づいて，清算期間経過後に（この段階で仮登記担保権者の清算金支払義務が発生する。法3Ⅰ）清算金の取立てを行うことになります。

(8)　清算金の弁済及び供託　仮登記担保権者は，債務者等に対し清算金を2か月の清算期間経過後に支払うことになりますが，物上代位権者の物上代位権の行使により，あるいは一般債権者により清算金請求権について差押えまたは仮差押えの執行がされると，第三債務者である仮登記担保権者は，債務者等に対し清算金を支払うことが禁止され，かつ債務者等は清算金を取り立てることが禁止されます（民執法145Ⅰ・178Ⅰ）。その結果，仮登記担保権者が債務者等に対し目的不動産について所有権移転登記手続をするよう請求しても，債務者等から清算金と引換えにする旨の同時履行の抗弁権を行使されると，所有権移転登記を受けることが不可能になります。この場合，仮登記担保権者は，清算金を弁済して目的不動産を取得しようと思っても，差押え後の手続が完了するまではそれができないことになるのみならず，その間に債務者等から後述の受戻権を行使されるおそれもありますので，法は，仮登記担保権者保護のため民法494条の特則として差押え，仮差押えを原因とする弁済供託を認めることとしています（法7。なお，民執法156Ⅰ・Ⅱ参照）。

(9)　後順位担保権者の競売請求　担保仮登記を経由した仮登記担保権者が所有権を取得しようとするためには後順位担保権者等に対しても清算金の見積額を通知することになりますが（法5），これらの者に対しては通知の拘束力が働くため（法8Ⅱ），後順位担保権者は自己の被担保債

権の弁済日が到来していれば担保物権の実行ができます。しかしそうでない場合は，清算金の見積額が低廉にすぎると思ったとしても，これを争うことはできず，被担保債権の満足が図られないことになります。そこで，仮登記担保法は，清算金の見積額につき不服のある後順位担保権者に，仮登記担保権者への対抗手段として，被担保債権の弁済期前であっても清算期間内であれば競売請求できる旨規定しました（法12）。かかる競売請求がなされると，仮登記担保権者はもはや目的物の所有権を取得することはできず，競売手続に参加して優先弁済権を行使するほかなくなります（法13）。この競売請求権を認めることにより，間接的に，適正な清算金の見積額の通知がなされるよう仮登記担保法が配慮していることになります。

(10) **仮登記に基づく本登記の手続** 債務者等に対する仮登記担保権の実行通知が到達して2か月（清算期間）が経過すると，不動産の所有権は債務者等から仮登記担保権者に移転し，仮登記担保権者は債務者等に対し所有権移転登記請求権を取得します。ただし，この権利は清算金の支払と同時履行の関係に立ちますから，債権者が所有権移転登記を受けるためには清算金を弁済するかまたは供託することになります。

(11) **受戻権**

イ **総説** 仮登記担保権者は清算期間経過後に目的不動産の所有権を取得しますが，その場合は清算金を支払わなければなりません。しかし，仮登記担保権が債権担保のためのものであることからすると，仮登記担保権者が清算金を支払うまでは，債務者等は債権等の額に相当する金銭を弁済して目的不動産を取り戻すことができるはずです。受戻権とは，このように仮登記担保契約の当事者である債務者等が，仮登記担保権者から清算金の支払債務の弁済を受けるまで，債権等の額に相当する金銭を仮登記担保権者に提供して目的不動産の所有権の受戻しを請求することができる権利のことをいいます（法11）。

このように受戻権とは形成権であって，債務者等が受戻しの意思表示をすることにより，それが仮登記担保権者に到達した時に目的不動産の所有権は債務者等に復帰します。ただし，清算金を生じない場合は，清算期間経過と同時に目的不動産は確定的に仮登記担保権者に移転します

から，受戻権が生じません。

ロ　**受戻権行使の当事者**　受戻権行使の主体は債務者又は物上保証人であり，行使の相手方は債権者すなわち仮登記担保権者です。第三取得者は受戻権の行使をすることはできません。

ハ　**受戻権行使の要件**

(ｱ)　清算金の弁済を受けるまでであること

(ｲ)　債権等の額に相当する金銭を仮登記担保権者に提供すること

具体的には，清算期間が経過する時の債権及び債務者等が負担すべき費用で債権者（仮登記担保権者）が代わって負担したものの額（法2Ⅱ）に受戻権の行使時までの遅延損害金が加算されます。

ニ　**受戻権の行使期限**　受戻権を行使できる時期は，仮登記担保権者が清算金を支払う前ですが，仮登記担保権者が清算金を支払わない限りはいつまでも受戻権を行使できるとすると不動産取引の安全を害するので，清算期間が経過した時から5年を経過した時，または第三者が目的不動産の所有権を取得した時はもはや受戻権を行使できなくなります（法11但書）。

ホ　**受戻権行使の効果**　受戻権の行使により目的不動産の所有権は債務者等に復帰し，その結果，債務者等は提供した債権等の額に相当する金銭を仮登記担保権者に支払う義務が生じます。

(12)　**清算金弁済後にされた競売申立て**　仮登記担保権者は清算期間経過後に清算金の弁済をした時点で（清算金がないときは清算期間経過時に）目的不動産の所有権を確定的に取得しますから，第三者異議の訴え（民執法38）等により，清算金弁済後にされた申立てに基づく競売手続等の排除を求めることができます（法15Ⅱ）。

3　優先弁済的効力

(1)　**総説**　担保仮登記がされている土地等に対し強制競売または担保権実行としての競売等が開始されたときは，仮登記担保権は，抵当権とみなされて当該競売手続において優先弁済を受けることができます（法13）。

(2)　**優先弁済を受けることができる範囲**　抵当権における民法374条

と同様に，元本債権のほか，その満期となった最後の2年分の利息その他の定期金及び債務不履行によって生じた損害の賠償金(ただし，利息その他の定期金と通じて最後の2年分に限る)について，優先弁済を受けることができます(法13Ⅱ)。

(3) **優先弁済を受ける順位** 優先弁済を受ける順位については，仮登記担保権は抵当権と同一に扱われ，担保仮登記のされた時に抵当権設定の登記がされたとみなされます(法13Ⅰ後段)。したがって，担保仮登記に係る権利相互間及び担保仮登記に係る権利と抵当権，不動産質権との間の関係は，登記の先後によることになります。

(4) **優先弁済を受ける方法** 担保仮登記を経由した仮登記担保権者は，競売申立てにより不動産につき競売手続が開始されたときは，その競売手続において換価代金から配当を受けることになります。ただし，仮登記がなされている場合でも，登記簿の記載からはそれが担保仮登記か否かまたその被担保債権額がいくらかを知ることはできないので，当該仮登記に係る権利が買受人の引受けになるのか(法16参照)，または剰余があるのか等の点で執行裁判所による売却条件の決定が困難です。したがって，法は，競売手続において配当要求の終期が定められたとき(民執法49・188)は，裁判所書記官が，仮登記権利者に対し，その仮登記が担保仮登記であるか否か及び担保仮登記であるときはその債権の存否，原因及び額を配当要求の終期までに執行裁判所に届け出るべき旨を催告することにし(法17Ⅰ)，催告に応じてその債権の存否，原因及び額を届け出た仮登記担保権者のみが配当にあずかれることとしています(法17Ⅱ)。

(5) **仮登記担保権の消滅** 債権者の清算金支払前に(清算金がないときは清算期間経過後)強制競売等の申立てがなされ，その手続が行われると，担保仮登記に係る権利は売却により消滅します(法16—消除主義の採用)。

(6) **仮登記担保権に後れる用益権等の取扱い** 競売申立債権者に対抗できない用益権が買受けによって消滅することはもちろんですが，競売申立債権者には対抗できるが仮登記担保権に後れる用益権も仮登記の順位保全の効力により買受けによって消滅します。なお，短期賃借権で仮

登記担保権に後れて設定されたものも，抵当権の場合と異なり仮登記の効力により消滅します（後述4(2)参照）。

(7) **目的不動産につき破産手続が先行する場合**　仮登記担保権の目的不動産の所有者が破産宣告を受けた場合，担保仮登記を経由した仮登記担保権は，抵当権の場合と同様に別除権者として扱われます（法19Ⅰ，破産法92）。したがって，仮登記担保権者は破産手続によらないで権利を行使できます（所有権取得または競売手続に参加しての優先弁済請求権行使など）。

(8) **目的不動産につき会社更生手続が先行する場合**　この場合も担保仮登記を経由した仮登記担保権は，抵当権の場合と同様に更生担保権として扱われるから（法19Ⅲ），仮登記担保権者は会社更生手続内において債権の優先弁済を受けることになります。

4　用益権との調和

(1) **法定借地権**　抵当権の場合は，土地と建物が同一の所有者に属する場合において，土地または建物の一方あるいは双方に抵当権が設定されその実行により土地と建物の所有者が別々になったときは，当然に地上権が成立します（民388）。

これに対し，仮登記担保契約がなされこれに基づいて担保仮登記がなされている場合，当事者の意思に基づいてなされた仮登記担保契約の履行の結果土地の利用権の問題が生ずることになります。そして，建物のみについて仮登記担保権が設定された場合には民法388条の準用はないが，土地のみを目的として仮登記担保権が設定された場合は，債務者等の保護を図るとともに建物の社会的効用を全うさせる意味から，建物の利用権としての賃借権（これを法定借地権という）が当然に成立するものとされています（法10）。

(2) **短期賃貸借**　抵当権の場合は，短期賃貸借（民602）は抵当権の登記後にその対抗要件を備えても抵当権利者にその権利を対抗できます（民395）が，仮登記担保権者が担保仮登記を経由している場合は，仮登記後の権利は，仮登記に基づく本登記手続がされると仮登記の順位保全の効力により対抗できないことになるから，短期賃借権といえども消滅し

ます（最判昭56・7・17民集35・5・950は、仮登記担保法が民法395条の準用を否定する立場をとっており、同法の施行前においても同様に解するのが相当である旨述べる）。抵当権の場合と取扱いを異にすることに注意すべきです。

4 根仮登記担保権

　根仮登記担保権とは、不特定の債権を担保するためにされた仮登記担保契約において債権者の有する権利をいいます（この契約上の権利を保全するためになされた仮登記が「根担保仮登記」です）。根仮登記担保権といえども簡易迅速な換価手段としての所有権取得権能を否定すべき理由はなく、包括根仮登記担保（債権者と債務者間に生ずる一切の債権を担保するためのもの）を含め、根仮登記担保権者はその被担保債権の不履行があれば、法2条の規定に従い、私的実行により清算期間の経過とともに目的物の所有権を取得することができますが、競売手続の関係では根担保仮登記は効力を有しないとされています（法14）。これは、根仮登記担保権者に競売手続に参加して優先弁済請求権を行使することを認めると、根担保仮登記には被担保債権の公示もなく極度額の公示もないので、根仮登記担保権の極度額は当事者の意思からして目的不動産の価額と同一であると解さざるを得ず（最判昭52・3・25民集31・2・320参照）、後順位に担保権を設定する余地がなくなることになって債務者等の利益を損なうことになるし、また包括根仮登記担保権も仮登記担保法1条の規定の仕方からして有効と解さざるを得ませんが、そうすると根仮登記担保権は根抵当権以上に強力なものとなり（根抵当権の場合包括根抵当権は認められていない。民398ノ2）、現行の担保制度を根本から破壊することになってしまうからです。

V 譲渡担保

1 総　説

1 意　義　譲渡担保の意義には広義と狭義があります。広義の譲渡担保とは，担保の目的たる財産権（主として所有権）を移転することによって金融の便を受けることをいい，狭義の譲渡担保のほか売渡担保が含まれます（この区別を認めたものとして大判昭8・4・26民集12・767参照）。狭義の譲渡担保とは，広義の譲渡担保のうち，担保される債権（金銭債権）を依然として存続させながら財産権を担保の目的で譲渡する場合のことです。これに対し売渡担保とは，広義の譲渡担保のうち，経済的にみると狭義の譲渡担保と異なるところはないが，法律的にみると売買をするのであって法律上担保される債権が存在しない場合のことです（この場合は解除条件付売買・買戻約款・再売買の予約などの方法によって財産権の回復が認められ，解除条件の内容として支払うべき金員・買戻代金・再売買代金が経済的にみて債務の弁済金に相当する）。しかし売渡担保は，法律上の形式は完全な売買ですから，原則として，解除条件付売買・買戻約款付売買・再売買予約付売買など付款付売買契約による法律構成で考察すれば足ります。そこでここでは，担保権として特殊の法律構成を必要とする狭義の譲渡担保について説明することとします。

2 法律構成

1 旧判例理論　　譲渡担保の法律構成とは要するに，譲渡担保という制度に含まれる諸々の問題点に合理的な解決を与えるような法律的理論構成を考案することですが，旧来からの判例理論は，権利の関係的移転という観念によって法律構成を試みていました。すなわち譲渡担保には，担保の目的たる権利（主として所有権であり，以下においては主として所有権を例にして説明する）が，「内外部ともに移転」するものと「外部的にのみ移転」するものがあるとし，前者を強き譲渡担保，後者を弱き譲渡担

保としていました（最判昭38・1・18民集17・1・25，同昭42・10・27民集21・8・2110参照）が，その具体的な内容は次のようなものでした。すなわち，(i)第三者に対する関係では目的物の所有権が完全に移転しているのであるから，譲渡担保権者から被担保債権の弁済期前に目的物の譲渡を受けた第三者は，その目的物の所有権移転が譲渡担保のためであることを知っているか否かを問わず，その所有権を完全に取得する。(ii)譲渡担保権者が弁済期前において前記(i)の処分をすることは設定者に対する義務違反で損害賠償の問題となるが，それが強き譲渡担保の場合は，所有権は内部的にも移転しているのであるから単なる債務不履行であるのに対し，弱き譲渡担保の場合は，内部的には所有権は移転していないのであるから所有権侵害という不法行為になる。(iii)設定者の担保目的物利用は，強き譲渡担保の場合は，目的物の所有権は内部的にも移転しているのであるから担保権者から賃貸借契約または使用貸借契約によりこれを借り受けた形にしなければならないが，弱き譲渡担保の場合は，目的物の所有権は内部的には移転していないから所有権に基づきこれを使用するのである。(iv)弱き譲渡担保の場合には，設定者に留保される所有権の効力として多くは清算型となるのに反し，強き譲渡担保の場合は，逆に，原則として流担保型となる（ただしその旨の合意が必要である―大判昭6・4・24民集10・10・685）。

2　**最近の判例・学説**　しかし，既にⅣにおいて述べたように，判例法においても仮登記担保権の理論が確立され，債権者は原則としていわゆる清算をしなければならないとされるに伴い，その担保権たる実質に着目した考え方が同じ非典型担保権たる譲渡担保にも影響を及ぼし，強き譲渡担保と弱き譲渡担保の区別を認めていた従来の判例理論の立場を捨て，判例上，譲渡担保にも一率に清算義務を認めるべきことを明言するに至っています（最判昭46・3・25民集25・2・208，同平7・11・10民集49・9・2953等）。ただこれらの判例は，譲渡担保権をいかなる権利として法律構成すべきかを明言していませんが，学説としては，(i)譲渡担保権の設定は「担保のための」目的物の移転である（いわゆる信託的移転）とするもの，(ii)設定契約によって，一応，所有権が債権者に移転するが，設定者にも物権的権利（所有権マイナス担保権のことで設定者留保権と表現

されている）が留保されるとするもの等があり，今後の判例・学説に注目してゆく必要があります。

3 有効性

1 虚偽表示の疑い かつては，譲渡担保は所有権移転の意思がないのに所有権移転の形式をふむから，虚偽表示（民94）ではないかとする考えがありました。しかし譲渡担保は，担保のためではあれ目的物所有者に真実所有権を移転しまたはこれに準ずる担保権を設定する意思はあるのですから，意思の欠缺たる虚偽表示に当たらないと思われます。

2 脱法行為の疑い 動産質権の成立要件として占有改定が禁じられ（民345），その効力として流質契約が禁じられています（民349）が，動産の譲渡担保の場合は，設定者からその物の占有を譲渡担保権者に現実に移転せず（占有改定による），しかも債務不履行のときは譲渡担保権者が目的物の所有権を取得する旨の特約を付すことが多いので，動産を譲渡担保に供することは動産質権に関する民法345条・349条の規定を潜脱することになるのではないかと考えられたことがありました。しかし，(i)占有改定は，質権よりも強い物権たる所有権の譲渡の場合にはわが民法上禁止されていないのですから，質権に関する規定を譲渡担保の場合にまで推し及ぼす合理性は乏しいといえること，(ii)流質契約禁止の目的は，目的物価額と債権額の差額を債権者が取得することを禁じ債務者を保護することにありますが，譲渡担保の場合は，既に述べたように，債権者に清算義務があるとされているのですから，債務者保護はそれ以上考える必要がないこと，(iii)譲渡担保はわが担保法制の欠点を補う形で社会において盛んに行われていますが，これを無効となすことは，取引社会に無用の混乱をもたらすものであること等を考慮すると，譲渡担保は脱法行為ではないというべきでしょう。

4 社会的作用

譲渡担保の社会的作用としては概ね次のことが挙げられます。

1 動産を債権者に引き渡さずに担保化することができる すなわち，わが法制上，動産については，担保物を債務者の手中に収めながら金融

を受ける約定担保物権が存在しないが,譲渡担保はこのことを可能にしました。

2 **形成途上にある財産権を担保化することができる** すなわち,新たに形成される財産権については,一般に,その譲渡の法律的手段の方がその担保の法律的手段より早く完備するのが常ですから,譲渡の方法による担保権設定手続たる譲渡担保はすぐ可能になります。ゴルフ会員権(最判昭50・7・25民集29・6・1147,同平8・7・12民集50・7・1918等)などがその例です。

3 **目的物から優先弁済を受けるための換価手続が容易である** すなわち,質権・抵当権においては,優先弁済を受けるための換価手続が煩雑であり(主として担保権実行としての競売による),普通の市価に比して低額でしか換価できない可能性が高いが,譲渡担保ではその換価方法がこのような手続によらないので,換価手続が容易であるということができます。

5 法的性質

1 **物 権 性** 譲渡担保の客体が有体物であるときは,譲渡担保権はこれを物権ないしこれに準ずる権利としてとらえることができます。すなわち,譲渡担保を担保のためにする目的物の所有権の移転ととらえるならば所有権そのものですから当然に,譲渡担保を独自の担保権設定ととらえるならば目的物に対する直接の支配権であることから,いずれも仮登記担保権の場合と同様に,物権ないしこれに準ずる権利として把握することができます。譲渡担保の客体が有体物でないとき(例えばゴルフ会員権)はこれを物権としてとらえることはできませんが,その客体に対する直接の支配権たる性質は,有体物の場合と異なるところはないと解すべきでしょう。

2 **担保物権性** 譲渡担保権は,それを所有権の一種ととらえるかあるいは独自の担保権ととらえるかを問わず,金銭債権の満足を確保するための権利でしかも少なくとも物権に準ずる権利ですから,民法上の担保物権とほぼ同様の法的性質を有すると解されます。

(1) **付従性がある** 被担保債権が存在しなければ譲渡担保権も存在

しない。

(2) **随伴性がある**　被担保債権が移転すれば譲渡担保権もこれに随伴する。

(3) **不可分性がある**　被担保債権の全部の弁済があるまでは、譲渡担保権はその客体全部の上にその効力を及ぼす。

(4) **物上代位性がある**　譲渡担保の客体が売却されて代金に代わり、賃貸されて賃料を生じ、滅失毀損によって保険金等に変わった場合には、その代金・賃料・保険金等の上にその効力を及ぼす（最判平11・5・17民集53・5・863）。物上代位の客体・方法等の詳細は抵当権の場合とほぼ同様に考えられます。

2　要　件

1　成立要件

1　総　説　譲渡担保権が成立するためには、被担保債権の存在と譲渡担保権を設定する契約（譲渡担保契約）の存在が必要です。この契約は、仮登記担保契約と同じく、被担保債権の債権者と債務者または第三者（物上保証人）との間の合意だけで成立する諾成契約で、その当事者・譲渡担保を設定しうる債権については、いずれも抵当権の場合に準じて考えられます。

2　譲渡担保権の成立しうる目的物

(1) **総　説**　譲渡担保の目的物（目的となりうる財産権）には制限がなく、財産的価値のある権利で譲渡することのできるものは、すべて譲渡担保の目的とすることができます。すなわち、動産・不動産のほか、債権・株式・無体財産権（特許権・著作権）・その他形成途上の権利（既に述べた・ゴルフ会員権など）であっても差し支えありません。

(2) **集合物の場合**　企業財産のうち、個々の動産ではなく、例えば在庫商品・原材料のごとき流動する多数の動産の集合体が一括して譲渡担保に供せられることがありますが、これは譲渡担保として有効でしょうか。これはひとえに、担保目的物として特定しているかどうかという問題ですが、目的物の種類・銘柄・存在場所・数量などを示すことにより

特定できるならば、この流動動産は1個の集合物として譲渡担保の目的となると解されます（最判昭54・2・15民集33・1・51）。例えば、「債務者の第1ないし第4倉庫内及び同敷地、ヤード内に、債務者が所有保管する普通棒鋼、異形棒銅等一切の在庫商品」（最判昭62・11・10民集41・8・1559）といった定め方なら特定しているが、「食用乾燥ネギフレーク44t 303kgのうち28t」（前記最判昭54・2・15）では特定不十分であるから有効に譲渡担保が成立したとはいえないことになります。

2 対抗要件

譲渡担保権設定の対抗要件は、譲渡担保は目的たる財産権移転の一形式と考えるならば当然に、独自の担保権設定と考えるならば財産権移転の場合との類似性からして、目的たる財産権移転の対抗要件と異なるところはないと解すべきです。そうすると、(i)不動産が目的物であるときは登記（民177）がその対抗要件であり（その登記原因として「譲渡担保」と表示することが登記実務上認められていますが、被担保債権の表示までは認められておらず、その限度では公示方法として不十分といえます）、(ii)動産が目的物であるときは引渡し（民178）がその対抗要件であり、(iii)債権その他の財産権が目的物であるときはそれぞれの譲渡の場合の対抗要件を備えなければなりません。

3 効　力

1 効力の及ぶ範囲

1　**被担保債権の範囲**　譲渡担保によって担保される債権の範囲については、元本・利息・損害金・換価費用の全部につき、第三者に対する関係でもその優先弁済権があると解されます。なぜなら、目的物が不動産であるときはその所有名義が債権者のものとされることにより後順位債権者が出現することが少なく、動産その他の財産権であるときは一般に第三者との利害の衝突をきたすことが少ないことにより、それぞれ、抵当権の場合のように（民374参照）後順位債権者の保護を考える必要が少ないからです。

なお、譲渡担保の目的物の使用収益を設定者に許す場合には、その対価として賃料の支払が約定されることがありますが、この場合の賃料は実質的には利息と解すべきですから、譲渡担保権者は、利息制限法の制限を超過する部分は賃料名義でも請求することはできず、もし債務者からその支払がなされたときは、超過分については当然に元本に充当されることになります（最判昭39・11・18民集18・9・1868参照）。

2　目的物の範囲

(1)　譲渡担保権の効力が及ぶ目的物の範囲は、譲渡担保契約の内容により定められるところですが、同じく約定担保権であることからして、付加物（従物を含む）については抵当権に関する民法370条が類推適用されると解されます。

(2)　また物上代位については、譲渡担保権にもその適用あることは既に述べたとおりですが、損害保険金については特殊な問題が生じます。すなわち、(i)譲渡担保権者が自己を被保険者として保険契約を締結した場合は、譲渡担保権者には担保権しか帰属していないという観点からするとその契約の有効性に疑問がないわけではありません。しかし、債権者には清算義務があるので設定者に不利益はなく、したがってこの契約は有効と解して差し支えありません。そうすると、目的物が火災等によって消失した場合に支払われる保険金は、一旦譲渡担保権者に帰属するが、設定者において被担保債権全額と譲渡担保権者が支払った保険料の合計額を譲渡担保権者に返還すれば上記保険金を受けとれると解してよい（大判昭8・12・19民集12・2680も同旨）。これに反し、設定者が自己を被保険者として保険契約を締結した場合は、通常の物上代位の方法によるから、設定者の保険金請求権に対して譲渡担保権者は物上代位をなしうると解されます。なお、最判平5・2・26（民集47・2・1653）は、譲渡担保権者及び譲渡担保設定者は、いずれも、譲渡担保の目的不動産について被保険利益を有するとしています。

2　優先弁済的効力

1　総説　譲渡担保権は、前記のような内容を有しますから、その本体的効力をなすのは目的たる財産から被担保債権の優先弁済を受ける

いわゆる優先弁済的効力です。なお、譲渡担保権者と設定者間において事前に非清算の合意がなされた場合の効力は、仮登記担保権の場合に準じて考えられます。

2 譲渡担保権者が譲渡担保権を実行する場合 債務者が弁済期までに債務の履行をしないときに、譲渡担保権者が譲渡担保権を行使する場合の換価処分の方法としては、(i)債権者が目的物を適正に評価された価額で確定的に自己の所有に帰せしめる方法（これは評価清算または帰属清算とよばれている）と、(ii)債権者が目的物を相当の価額で第三者に売却等をする方法（これは処分清算と呼ばれている）とがあり、(i)の評価清算（帰属清算）は、債権者たる譲渡担保権者が目的物を適正に評価された価額（適正評価額か否かは最終的には裁判所の判断による）で確定的に自己の所有に帰せしめ(その換価手続の一環として、譲渡担保権者は設定者に対し目的物の引渡しを請求することができる)、その代わり設定者に評価額と債権額の差額を清算金として支払うというのがその換価手続の概要です。これに対し(ii)の処分清算は、債権者たる譲渡担保権者がまず目的物の換価処分権を取得し（その換価処分権の具体的な内容として設定者に対し目的物の引渡しを請求することができる）、然る後その目的物を相当の価額で第三者に対し売却等の処分をなし、その売却代金額から自己の債権額を差し引いた残額を設定者に清算金として支払うというのがその換価手続の概要です。したがって、(i)の評価清算の場合は、目的物の引渡義務と清算金支払義務とは同時履行の関係にある（民533本文）が、(ii)の処分清算の場合は、前者が先給付であるから同時履行の関係にないことになります(同時履行を肯定した判例として最判昭46・3・25民集25・2・208があります)。帰属清算と処分清算のいずれをその原則的な換価方法と解すべきかについては困難な問題ですが、目的物の種類・性質によりそのいずれを原則とするかを決するのが合理的と考えられ、例えば目的物が不動産のときは、仮登記担保権の場合と同じく帰属清算をその原則的換価方法と解すべきであり、一方、ゴルフ会員権のときは譲渡担保権がそれを第三者に転売して換価するのが一般的ですから処分清算を原則的換価方法と解すべきでしょう（最判昭50・7・25民集29・6・1147）。

なお、清算金の支払方法および支払時期、設定者が目的財産を取り戻

4 その他の担保物権

しうる時期（受戻権を行使しうる時期）については，いずれも仮登記担保権に準じて考えてよいと考えられます。

3 目的物につき競売手続が先行する場合

(1) 目的物が動産であるとき　譲渡担保の目的たる動産につき設定者の債権者の申立により競売手続（これは民事執行法に定める強制競売手続であることが大部分ですが）が開始された場合，譲渡担保権者は譲渡担保権の存在を理由としてその手続の排除を求めうるのかそれともその手続に参加して優先弁済権を行使できるにとどまるのでしょうか。この点につき，民事執行法施行以前は両説の対立がありましたが，同法施行以後においては，同法133条が配当要求をすることができる権利者として質権者と先取特権者に限定していることからすると，譲渡担保権者は，配当要求をすることができず，第三者異議の訴え（民執法138条）を提起して競売手続の取消しを求めるほかないと解すべきでしょう（旧法時代の最判昭56・12・17民集35・9・1328）。次の図35は，第三者異議の訴えの訴状記載例です。

(2) 目的物が不動産であるとき　譲渡担保の目的物が不動産であるときは，譲渡担保権者に所有権移転登記がなされているのが通常ですから，設定者の債権者がその不動産を競売に付すことは手続的に不可能で（民執規則23），余り問題となることはありません。

4 設定者につき破産手続・会社更生手続が先行する場合

(1) 破産手続が先行する場合　譲渡担保権の設定者が破産宣告を受けた場合に，譲渡担保権者はその目的物に対し如何なる権利を行使することができるかについては，従前の通説は，目的物の所有権は少なくとも対第三者との関係では移転しているとして，取戻権（破産法87）を行使できるとしていましたが，譲渡担保を1つの担保権とみるならば，譲渡担保権者は，別除権（破産法92）を有するにすぎないと解すべきでしょう。すなわちこの場合は，譲渡担保権者は，破産手続とは無関係に前記2の方法により優先弁済権を行使できます。

(2) 会社更生手続が先行する場合　譲渡担保権の設定者につき会社更生手続が開始された場合，譲渡担保権者は如何なる権利を行使できるかについては，破産手続の場合と同様，従前は譲渡担保権者は取戻権（会

図35　第三者異議の訴えの訴状

訴　状

神奈川県三浦郡葉山町○○677番地40（送達先）
原　告　　佐々木　一　郎
　　　　　（電話　090-4826-4926）

東京都東久留米市○○町2丁目7番22号
被　告　　近　田　　　至

第 三 者 異 議 事 件

　　　訴訟物の価格金　　　5万2500円
　　　貼用印紙　　　　　　1000円

請求の趣旨
1　被告が，訴外正田富士夫に対する○○地方裁判所平成8年（ワ）第2162号債務不存在確認請求事件の執行力のある正本に基づいて平成11年6月16日付けで別紙物件目録記載の有体動産についてなした強制執行はこれを許さない。
2　訴訟費用は被告の負担とする。
　　との判決を求める。

請求の原因
1　被告は，訴外正田富士夫に対する請求の趣旨第1項記載の債務名義に基づいて平成11年6月16日別紙目録記載の物件について，強制執行した。
2　しかしながら，右物件は，原告の所有に属するのもである。すなわち，平成8年7月1日に同正田氏に，金銭消費賃借で金200万円を貸付した。
　　ところが，利息が滞ったので，平成10年8月31日付けで平成10年第320号の譲渡担保公正証書を作成し，同目録の有体動産の引き渡しを受けた。
　　原告がこの有体動産を移動すると，同斎藤氏が生活に支障をきたすので貸し渡した。このような事情により，同正田氏が賃借して，占有していたものである。
3　返済期限の平成10年3月31日に同正田氏は，返済できず期限の利益を失った。
　　よって，原告の完全な所有物である。
4　そこで，原告は，本訴によって，被告が右物件についてした右強制執行の排除を求める。

〈以下，略〉

社更生法62)を行使しうるとされていましたが，その担保権としての実質に着目すれば，更生担保権(会社更生法123)としての権利行使しか認めるべきではなく（最判昭41・4・28民集20・4・900)，したがって譲渡担保権者はその手続内においてのみ優先弁済権を行使できます。

3　目的物の利用関係

1　総　説　旧来の判例は，譲渡担保を「内外共移転型」と「外部的移転型」とに分け，前者にあっては設定者は担保権者との間に賃貸借契約を締結しなければ目的物を利用できないのに，後者にあっては設定者は自己に留保する所有権に基づいて目的物を利用できるとしていたことは前述したとおりですが，譲渡担保権の設定は所有権移転を伴わない1つの担保権設定ととらえるべきであること，および目的物を誰が利用するかは当事者間の合意により定められるべきであることからして，目的物の利用に関しては次のように考えられます。

2　目的物を設定者が利用する場合（いわゆる譲渡抵当）　目的物の利用につき何らの合意もなく譲渡担保権が設定されたときは，譲渡担保権の社会的作用を考えると，設定者にその利用権があると解すべきですが，この場合の設定者の目的物利用は，抵当権設定者の目的物利用と同じく，もともと設定者に留保された権利（所有権ないしこれに準ずる設定者留保権）に基づいていると解されます。ただし，所有権移転という法形式がとられていることを重視するならば，設定と同時に使用貸借契約が締結されたと考えることになりますが，これも通常の使用貸借と異なり，抵当権設定者の目的物利用権の場合と同じように考えるべきでしょう。

なお，設定者の目的物利用につき賃貸借契約が締結された場合，その賃料は実質的には被担保債権たる金銭債権の利息とみるべきであることは既に述べたとおりであり，またその場合に賃貸借期間の定めがなされているときは，当事者の合理的意思を推測して，利率改定時期の特約とみるべきでしょう。

3　目的物を譲渡担保権者が利用する場合（いわゆる譲渡質）　目的物を譲渡担保権者が利用する旨の合意のもとに譲渡担保権が設定されたときは，質権設定の場合に類似しますから，目的物利用の法律関係につき特

約なき限り，目的物が動産の場合には動産質の規定を，不動産の場合には不動産質の規定を，それぞれ類推適用すべきでしょう。

4 譲渡担保権者に生じた事由の効力

1 **担保目的物の処分**　譲渡担保権者および設定者は，それぞれ目的物上に一定の権利を有し，譲渡担保権設定契約上の債務として目的物の処分等によって相手方の権利を消滅せしめてはならない義務を負っていますが，弁済期到来前に譲渡担保権者が目的物自体を譲渡担保物であることを秘して譲渡等の処分をした場合（この処分は所有名義が譲渡担保権者になっている不動産につき多くみられ，占有が設定者にある動産にあってはその例をみることは少ない），その効力がどうなるかという問題があります。

これにつき旧来の判例は，譲渡担保により目的物の所有権は少なくとも対第三者関係では完全に譲渡担保権者に移転しているのであるから，譲渡担保権者から目的物の譲渡等を受けた者は，それが譲渡担保物であることを知っていたか否かを問わず，目的物につき権利を取得するとしていたことは既に述べたとおりです。しかし，譲渡担保権が抵当権と同じく担保権である点に着目すれば，第三者は，目的物が不動産であれば民法94条2項の適用ないし類推適用により，目的物が動産であれば民法192条の適用により，それぞれ保護されれば十分であり，悪意の第三者に対しては設定者は目的物についての所有権を主張しうると解すべきでしょう（仮登記担保権に関する最判昭46・5・20判例時報628・24参照）。この場合，設定者が目的物を第三者から取り戻しえなくなったときは，譲渡担保権者に対し，目的物保管義務違反を理由に，債務不履行責任を追及できます（最判昭35・12・15民集14・14・3060参照）。

2 **譲渡担保権者の一般債権者による差押え**　譲渡担保権者の一般債権者が目的物を差し押えることは，その直接占有を設定者の許に留める動産譲渡担保ではその例をみることは少なく（民執法38参照），所有名義が譲渡担保権者のものになっている不動産譲渡担保にその例が多いが，いずれの場合においても，旧来の所有権的構成の下では設定者が第三者異議の訴え（民執法38）を提起できないとされていました。しかし，譲渡担

保権を1つの担保権とみるならば，設定者が被担保債権金額を差押債権者に弁済して第三者異議の訴えを提起できると解する余地があると解されます。

4 消　　滅

　譲渡担保権は，物権ないしこれに準ずる権利ですから目的物の滅失等物権一般の消滅事由により，また担保物権ないしこれに準ずる権利でもありますから被担保債権の弁済等の担保物権一般の消滅事由により，各々消滅します。

事項索引

あ・か 行

異時配当 ……………………… 65,66
員外貸付 ……………………… 20
受戻権 ………………………… 135
確定後の根抵当権 …………… 22
確定前の根抵当権 …………… 22
果実収取権 …………………… 97
仮登記担保契約に関する法律 … 125
仮登記担保権 ………………… 12,125
元本確定期日 ………………… 42,84
元本確定登記 ………………… 22
元本の確定請求 ……………… 84
帰属清算 ……………………… 147
共益費用の先取特権 ………… 103
強制競売 ……………………… 6
共同担保目録 ………………… 62,63
共同抵当 ……………………… 61
現況調査報告書 ……………… 50
権利質 ………………………… 113,121
更生担保権 …………………… 150
小切手債権 …………………… 27
ゴルフ会員権 ………………… 144,147

さ 行

債権者平等の原則 …………… 2,10
先取特権 ……………………… 11,100
順位上昇の原則 ……………… 58,60
次順位抵当権者の代位 ……… 67
質権 …………………………… 12,113
指名債権質 …………………… 121,122,124
従物 …………………………… 37
純粋共同根抵当権 …………… 68
譲渡禁止特約ある債権 ……… 122
譲渡質 ………………………… 150
譲渡担保 ……………………… 140

譲渡担保権 …………………… 13
譲渡抵当 ……………………… 150
処分清算 ……………………… 147
信用金庫取引 ………………… 26
随伴性 ………… 15,21,22,90,101,114,126,144
清算金 ………………………… 131
清算金に対する物上代位権の行使 … 133
責任財産 ……………………… 9
増価競売 ……………………… 83
葬式費用の先取特権 ………… 104
即時取得 ……………………… 115

た 行

代価弁済 ……………………… 82
第三者異議の訴え …………… 149,152
短期賃貸借 …………………… 70,138
　――の解除請求 …………… 73
抵当権 ………………………… 12
　――に基づく物権的請求権 … 76
　――の実行 ………………… 41
　――の順位の譲渡 ………… 79
　――の順位の放棄 ………… 79
　――の譲渡 ………………… 78
　――の放棄 ………………… 79
抵当権設定契約 ……………… 23
抵当権設定登記 ……………… 28
抵当登記の流用 ……………… 30
手形債権 ……………………… 27
滌除(てきじょ) ……………… 6,42,82
転質権 ………………………… 118,120
転抵当 ………………………… 77,80
天然果実 ……………………… 39
動産売買の先取特権 ………… 102,106
同時配当 ……………………… 63
同時履行の抗弁権 …………… 88

事項索引

な 行

流質契約(ながれしち) ……………………………… 117
日用品供給の先取特権 …………… 104
任意競売 ……………………………… 6
根仮登記担保権 …………… 127,139
根抵当権 ………… 19,21,31,35,68,80
　　――の一部譲渡 ……………… 81
　　――の確定 …………………… 84
　　――の譲渡 …………………… 80
　　――の設定契約 ……………… 25
　　――の設定登記 ……………… 31
　　――の分割譲渡 ……………… 81

は 行

売却許可決定 ……………………… 54
配当表 …………………………… 56,57
評価書 ……………………………… 51
費用償還請求権 …………………… 98
被担保債権適格 …………………… 25
付加物 …………………………… 36,38
不可分性 ………… 16,21,22,90,
　　　　　　　　　101,114,126,144

付従性 … 15,20,22,90,101,114,126,143
普通抵当権 …… 19,20,23,28,33,61,77
物件明細書 ………………………… 53
物上代位 …………………………… 39
物上代位権行使の要件 …………… 40
物上代位権の行使 ………………… 55
物上代位性 ………… 16,21,22,90,
　　　　　　　　　101,114,126,144
物上保証人 ………………………… 66
不動産競売開始決定 ……………… 48
法定借地権 ……………………… 138
法定担保物権 …………………… 14,87
法定地上権 ………………………… 74

ま 行 ～

回り手形 ………………………… 27,35
約定担保物権 …………………… 14,18
雇人給料の先取特権 …………… 103
累積共同根抵当権 ………………… 69
留置権 …………………………… 11,87
　　――に基づく動産競売 ……… 96
留置的効力 ………… 94,116,119,123
留置物の保管義務 ………………… 95

154

判例索引（年代順）

大判明40・10・10民録13・927 ……… 72
大判大2・1・24民録19・11 ……… 73
大判大2・6・21民録19・481 ……… 39
大判大3・4・4民録20・290 ……… 76
大判大4・10・6民録21・1596 ……… 73
大判大5・5・22民録22・1016 ……… 73
大判大5・6・28民録22・1281 ……… 38
大判大5・9・5民録22・1670 ……… 124
大判大6・1・27民録23・97 ……… 39
大判大6・7・26民録23・1203 ……… 111
大判大6・9・19民録23・1483 ……… 119
大判大7・10・29新聞1498・21 ……… 98
大判大8・3・15民録25・473 ……… 36
大判大10・12・24新聞3939・17 ……… 97
大判大12・4・7民集2・209 ……… 41
大判大12・12・24民集2・676 ……… 75
大判大15・4・8民集5・575 …… 66, 68
大判昭6・4・24民集10・10・685 …… 141
大判昭6・10・21民集10・913 ……… 38
大判昭7・2・29民集11・397 ……… 74
大判昭7・4・20新聞3407・15 ……… 38
大判昭8・4・26民集12・767 ……… 140
大判昭8・12・19民集12・2680 ……… 146
大判昭8・12・21判決全集4・16 ……… 95
大判昭9・7・2民集13・1489 ……… 37
大判昭10・5・13民集14・876 ……… 97
大判昭10・8・10民集14・1549 ……… 74
大判昭13・5・5民集17・842 ……… 41
大判昭13・5・25民集17・1100 ……… 74
大判昭16・5・15民集20・596 ……… 76
最判昭27・11・27民集6・10・1062 ……… 94
最判昭29・12・23民集8・12・2235 ……… 75
最判昭30・3・4民集9・3・229 ……… 97
最判昭33・1・17民集12・1・55 ……… 98
最判昭33・3・13民集12・3・524 ……… 94
最判昭33・6・6民集12・9・1384 ……… 94

最判昭34・12・25民集13・13・1659 …… 73
最判昭35・4・21民集14・6・930 ……… 92
最判昭35・11・24民集14・13・2853 …… 126
最判昭35・12・15民集14・14・3060 …… 151
最判昭36・2・10民集15・2・219 ……… 74
最判昭37・9・4民集16・9・1854 ……… 75
最判昭38・1・18民集17・1・25 ……… 141
最判昭38・5・31民集17・4・570 ……… 97
最判昭38・8・27民集17・6・871 ……… 72
最判昭38・10・30民集17・8・1252 …… 99
最判昭38・9・17民集17・8・955 ……… 72
最判昭39・2・4民集18・2・233 ……… 83
最判昭39・6・19民集18・5・795 ……… 72
最判昭39・11・18民集18・9・1868 …… 146
最判昭40・3・19民集19・2・472 ……… 76
最判昭40・7・15民集19・5・1275 …… 97
最判昭41・3・1民集20・3・348 …… 120
最判昭41・4・26民集20・4・849 ……… 20
最判昭41・4・28民集20・4・900 …… 150
最判昭42・1・31民集21・1・43 ……… 84
最判昭42・10・27民集21・8・2110 …… 141
最判昭43・9・27民集22・9・2074 ……… 72
最判昭43・11・21民集22・12・2765 …… 93
最判昭44・2・14民集23・2・357 ……… 75
最判昭44・3・28民集23・3・699 … 37, 38
最判昭44・7・3民集23・8・1297 ……… 67
最判昭44・7・4民集23・8・1347 ……… 20
最判昭44・9・2民集23・9・1641 …… 104
最判昭45・4・10民集24・4・240 …… 122
最判昭45・6・24民集24・6・587 …… 124
最判昭45・7・16民集24・7・965 … 40, 41
最判昭45・12・4民集24・13・1987 …… 115
最判昭46・3・25民集25・2・208 …… 141, 147
最判昭46・5・20判例時報628・24 …… 151
最判昭46・7・16民集25・5・749 ……… 94

判例索引（年代順）

最判昭46・10・21民集25・7・969 …… 104
最判昭46・12・21民集25・9・1610 …… 75
最判昭47・9・7民集26・7・1314 …… 104
最判昭47・11・16民集26・9・1619 …… 89,92,94
最判昭48・7・19民集27・7・823 …… 122
最判昭48・9・18民集27・8・1066 …… 75
最判昭49・3・7民集28・2・174 …… 123
最判昭49・10・23民集28・7・1473 13,125
最判昭49・12・24民集28・10・2117 …… 31
最判昭50・7・25民集29・6・1147 … 143,147
最判昭50・8・6民集29・7・1187 …… 26
最判昭52・3・25民集31・2・320 …… 139
最判昭54・2・15民集33・1・51 …… 145

最判昭56・7・17民集35・5・950 …… 139
最判昭56・12・17民集35・9・1328 …… 148
最判昭59・2・2民集38・3・431 …… 40
最判昭60・5・23民集39・4・940 …… 67
最判昭62・11・10民集41・8・1559 …… 145
最判平元・10・27民集43・9・1070 …… 58
最判平3・3・22民集45・3・268 …… 77
最判平5・2・26民集46・2・1653 …… 146
最判平7・11・10民集49・9・2953 …… 141
最判平8・7・12民集50・7・1918 …… 143
最判平9・1・20民集51・1・1 …… 69
最判平10・1・30民集52・1・1 …… 58
最判平10・3・26民集52・2・483 …… 58
最判平11・5・17民集53・5・863 …… 144
最判平11・11・24民集53・8・1899 …… 77

執筆者紹介

中野 哲弘（なかの てつひろ）

1947年生れ
1971年 判事補任官
現在，横浜地方裁判所判事
主要著作 国有財産訴訟の実務（編著，新日本法規），民事弁護と裁判実務「金融・担保・保証」（共編著，ぎょうせい），裁判実務大系「金銭貸借訴訟法」（共編著，青林書院），「わかりやすい民事証拠法概説」（信山社），「わかりやすい民事訴訟法概説」（信山社），現代裁判法大系「担保・保証」（編著，新日本法規），裁判実務大系「公用負担・建築基準関係訴訟法」（共編著，青林書院），新裁判実務大系「借地借家訴訟法」（共編著，青林書院）。

わかりやすい担保物権法概説［民法概説Ⅲ］
初版第1刷 2000年11月30日発行

著 者
中野哲弘

発行者
袖山貴＝村岡侖衛

発行所
信山社出版株式会社
〒113-0033 東京都文京区本郷6-2-9-102
TEL 03-3818-1019 FAX 03-3818-0344

印刷・製本 勝美印刷
Ⓒ 2000, 中野哲弘
ISBN4-7972-5245-6 C3032

信山社

中野哲弘 著
わかりやすい民事証拠法概説　Ａ５判 本体1,700円
わかりやすい民事訴訟法概説　Ａ５判 本体2,200円

林屋礼二＝小野寺規夫 編集代表
民事訴訟法辞典　四六判 本体2,500円

山村恒年 著
行政過程と行政訴訟　Ａ５判 本体7,379円
環境保護の法と政策　Ａ５判 本体7,379円
判例行政法解説　Ａ５判 本体7,800円

関根孝道 訳
D.ロルフ　米国 種の保存法 概説　Ａ５判 本体5,000円

芦部信喜 著
憲法叢説 Ⅰ Ⅱ Ⅲ　四六判 本体各巻2,816円

三木義一 著
受益者負担制度の法的研究　Ａ５判 本体5,800円
＊日本不動産学会著作賞受賞／藤田賞受賞＊

伊藤博義 著
雇用形態の多様化と労働法　Ａ５判 本体11,000円

水谷英夫＝小島妙子 編
夫婦法の世界　四六判 本体2,524円

R.ドゥオーキン　ライフズ・ドミニオン　本体6,400円

明治学院大学立法研究会編
共同研究の知恵　四六判 本体1,500円
現場報告・日本の政治　四六判 本体2,900円
市民活動支援法　四六判 本体3,800円
子どもの権利　四六判 本体4,500円
日本をめぐる国際租税環境　四六判 本体7,000円